［きめる！共通テスト］

情報Ⅰ
INFORMATICS I

著＝藤原進之介（代々木ゼミナール・武田塾・情報ラボ）

はじめに

　こんにちは！　日本初の大手予備校の情報科目講師になり，映像授業や模擬試験作成，講習会や講演会で「情報I」に関わっている藤原進之介です！

　2025年の共通テストから，東京大学や京都大学をはじめとする**多くの国公立大学で「情報」という新教科の受験が必須**となりました。2024年までは「主要5教科」といって，「英語・数学・理科・社会・国語」が重要だと言われてきました。**今後は「情報」を主要教科として加えて，「主要6教科」の時代になります。**大学受験が変化することで，多くの受験生や学校の先生たちは混乱し，困っています。なぜなら，今まで「情報」という科目を「受験対策が必要な科目」と考えていた人は，非常に少なかったためです。

　私はそんな状況の中で，**日本初の「情報I」の大手予備校講師**になりました。すべてが初めてのものだったため，とてもキツイ作業でしたが，今ではYouTubeやTikTok，X（旧Twitter）で発信している情報を多くの人が見てくれています。大手予備校だけでなく，武田塾で教務を務め，さらには河野玄斗くんとも仕事しています。そんな私が，**「情報Iに時間はかけられない」「共通テストの問題は解ける気がしない」**という人たちのために，共通テスト対策として使える書籍を書きました。

　本書では，**初めて情報Iの共通テスト対策にチャレンジするといった人でも無理なくステップアップできるように，幅広い内容を扱っています。**また，情報Iの教科書には書かれていないけど，大学入試で問われることのあるテーマが本書には記されています。私だけでなく，情報I専門塾「情報ラボ」のプロの先生や，Gakkenの藤村様の力を合わせて，最高の出来にした参考書です。この場を借りて感謝を申し上げます。

　ぜひ，あなたの力も全力で注いで，一緒に最高の参考書に変えていきましょう！

代々木ゼミナール講師　河野塾ISM講師　数強塾代表

藤原　進之介

本書の特徴

① 基礎内容をしっかり理解し，効率的に学習できる

　本書は，共通テスト「情報Ⅰ」を受験する際に，**必ず必要となる部分に重点をおき，時間をかけずに学力がつけられるよう，内容を厳選しています**。覚えるべき内容がピンポイントでわかるので，効率よく，基礎をしっかり身につけられるようになっています。

② 全ページフルカラーで取り組みやすい

　本書は，**全ページフルカラー**の仕様となっています。大事なポイントがすぐにわかるようになり，イラストや図解も見やすくなるため，取り組みやすく，より理解しやすくなっています。

③ 重要な用語が一目でわかる

　情報Ⅰでは，覚えておくべき重要な用語がたくさんあります。重要な用語については，赤字で強調されているので，覚えるべき用語が一目でわかります。また，その用語の説明や，その他重要な知識の説明については，**ラインつき**で強調されています。用語とセットで覚えることで，そのテーマの内容をきちんと理解することができます。

④ 全体図で覚えるべき内容はPOINTを確認

　例えば「知的財産権の構成」など，表で**丸ごと覚えておくべき需要な内容**は POINT としてまとめてあります。 POINT が出てきたら，一つひとつの用語だけでなく，全体図として理解するようにしましょう。

⑤ 例題で知識の定着度をチェックする

　本書では，各THEMEの中に例題を必ず入れています。**本文で内容を覚えられたら，例題に挑戦して，定着しているかチェックしましょう。**間違えたり，内容に不安がある場合は，例題の解説を読んだり，もう一度本文に戻って確かめるなどして，知識を確実なものにしましょう。

⑥ 共通テスト対策問題で実践問題に挑戦

　SECTION 5には，共通テストの対策問題があります。各大問で出てきそうな内容を，実践さながらの形式で入れています。知識を問う問題はもちろん，計算問題や図表の読み取り，プログラミング表記など，取り組みがいのある問題ばかりです。問題を解いていくことによって，力をつけ，理解を深め，着実にステップアップすることができます。

⑦ 取り外し可能な別冊で，直前対策できる

　別冊には，共通テストの概要や各SECTIONのポイントをはじめ，**直前に読むだけで点数アップも夢ではない，厳選した重要事項**を収録しています。

⑧ 発展内容も紹介

　MTBF，実行アクセス時間，万能論理回路などの，教科書で扱われていない**発展内容**も収録しています。これらの題材は，情報科の国家資格の試験でも出題されることがあり，共通テストに**誘導をつけて出題**される可能性が十分にあります。

本書の使い方

① 本文をしっかり読んで，内容を理解する

　　まずは本文を読んで，それぞれの単元の知識を身につけましょう。用語を覚えることはもちろん，日常生活のどのシーンで使われているのかまで考えられると，理解は深まります。

② 例題で定着度をチェックしよう

　　各THEMEの最後にある例題で，知識の定着度をチェックしましょう。間違ってしまった場合は，もう一度本文を確認して，知識の再定着を図りましょう。

③ SECTION 5で共通テスト対策問題に挑戦しよう

　　知識の定着ができたら，実践編としてSECTION 5に挑戦しましょう。本番さながらの問題に取り組むことで，本番のイメージができるようになります。

④ 解説を読んで，間違えた問題は解きなおす

　　答え合わせをする際に，正解した問題よりも，間違えた問題とその理由をしっかりと理解することが大切になります。知識不足や読み間違いで，不正解の選択肢を選んでしまったので，不足していた知識を補い，正しく文意を取るように修正していきます。また，解きなおす問題は間違った問題に絞って構いませんので，必ず解きなおすようにしましょう。

もくじ

共通テスト
特徴と対策はこれだ！

Q1 まずは，共通テスト「情報Ⅰ」について，
詳しく教えてください。

「情報Ⅰ」は，令和7年度の共通テストから実施される新科目です。
共通テスト「情報Ⅰ」の最大の特徴は，文系・理系関係なく，ほとんどの国公立大学受験で必須な科目であるということです。 これまでの共通テストでは「情報」という科目が実施されていました。しかし，「情報」を必須としている大学が非常に少なかったため，受験者数が少なかったのに対し，「情報Ⅰ」は多くの受験者が必要となるでしょう。そのため，数学や英語などと同様にきちんと対策することが求められます。

Q2 共通テスト「情報Ⅰ」の試験時間や配点，
出題される単元について教えてください。

独立行政法人大学入試センターが発表しているものによると，「情報Ⅰ」の試験時間は**60分**，配点は**100点**となっています。
出題される単元について，大学入試センターが発表した試作問題では，
大問4つの構成となっています。

	どんな問題か	配点
第1問	・情報社会の問題解決 ・コミュニケーションと情報デザイン ・コンピュータとプログラミング ・情報通信ネットワークとデータの活用	20点
第2問	・情報社会の問題解決 ・コミュニケーションと情報デザイン ・コンピュータとプログラミング	30点
第3問	・コンピュータとプログラミング	25点
第4問	・情報通信ネットワークとデータの活用	25点

また，共通テストの問題作成方針として，次のように公表しています。

日常的な事象や社会的な事象などを情報とその結び付きとして捉え，情報と情報技術を活用した問題の発見・解決に向けて探究する活動の過程，及び情報社会と人との関わりを重視する。問題の作成に当たっては，社会や身近な生活の中の題材，及び受験者にとって既知ではないものも含めた資料等に示された事例や事象について，情報社会と人との関わりや情報の科学的な理解を基に考察する力を問う問題などとともに，問題の発見・解決に向けて考察する力を問う問題も含めて検討する。

※独立行政法人大学入試センター「令和7年度大学入学者選抜に係る大学入学共通テスト問題作成方針」より抜粋

そのため，ただ知識を身につけるだけでなく，それをどのよう活用するのかが重要となってきます。

Q3 各問題の特徴が知りたいです。
第1問はどのような特徴がありますか？

第1問は全単元から小問形式で出題されると予想されます。試作問題を見てみましょう。

第1問　インターネットを使ったサービス利用に関する次の問い（**a・b**）に答えよ。

a　SNSやメール，Webサイトを利用する際の注意や判断として，適当なものを，次の⓪～⑤のうちから二つ選べ。ただし，解答の順序は問わない。
　　　　ア│・│　イ

⓪　相手からのメッセージにはどんなときでも早く返信しなければいけない。
①　信頼関係のある相手とSNSやメールでやり取りする際も，悪意を持った者がなりすましている可能性を頭に入れておくべきである。
②　Webページに匿名で投稿した場合は，本人が特定されることはない。
③　SNSの非公開グループでは，どんなグループであっても，個人情報を書き込んでも問題はない。
④　一般によく知られているアニメのキャラクターの画像をSNSのプロフィール画像に許可なく掲載することは，著作権の侵害にあたる。
⑤　芸能人は多くの人に知られていることから肖像権の対象外となるため，芸能人の写真をSNSに掲載してもよい。

（大学入試センター　試作問題「情報Ⅰ」第1問より抜粋）

　　全体の中では配点20点と少ないですが，**知識問題が中心**であるため，しっかり勉強して知識を身につければ，きちんと得点を取ることができる大問です。ただし，次の問題のように，**小問でもその場で考えさせる問題があるので，正しく正確な知識の定着が重要**です。

第3問 次の文章を読み，空欄 カ ～ ク に入れるのに最も適当なものを，後の解答群のうちから一つずつ選べ。

　基本的な論理回路には，論理積回路（AND回路），論理和回路（OR回路），否定回路（NOT回路）の三つがあげられる。これらの図記号と真理値表は次の表1で示される。真理値表とは，入力と出力の関係を示した表である。

表1　図記号と真理値表

回路名	論理積回路	論理和回路	否定回路
図記号	A B ⟹ X	A B ⟹ X	A ▷○ X

入力		出力
A	B	X
0	0	0
0	1	0
1	0	0
1	1	1

入力		出力
A	B	X
0	0	0
0	1	1
1	0	1
1	1	1

入力	出力
A	X
0	1
1	0

(1)　S航空会社が所有する旅客機の後方には，トイレが二つ（A・B）ある。トイレAとトイレBの両方が同時に使用中になると乗客の座席前にあるパネルのランプが点灯し，乗客にトイレが満室であることを知らせる。入力Aは，トイレAが使用中の場合には1，空いている場合には0とする。Bについても同様である。出力Xはランプが点灯する場合に1，点灯しない場合に0となる。これを実現する論理回路は次の図2である。

図2　(1)の論理回路

（大学入試センター　試作問題「情報Ⅰ」第1問より抜粋）

第2問は，おもに**身のまわりの技術について考える問題や，図表の読み取り問題が中心**になると予想されます。また，配点30点と配点が最も高い大問でもあります。試作問題では，QRコードについての問題が出題されました。

第2問　次の問い（A・B）に答えよ。（配点　30）

A　次の太郎さんと先生の会話文を読み，問い（**問1～4**）に答えよ。

太郎：二次元コードって様々なところで使われていて，便利ですね。

先生：二次元コードといってもいろいろ種類があるけれど，日ごろよく目にするものは日本の企業が考えたんだよ。

太郎：すごい発明ですね。企業だから特許を取ったのでしょうか。

先生：もちろん。　**ア**　世の中で広く使われるようになったんだよ。

太郎：どのくらいの情報を入れられるのでしょうか。

図1　二次元コードの例

先生：大きさにもよるけど，図1ぐらいの大きさであれば，数字なら187文字，英小文字なら78文字，記号や漢字なら48文字を入れられるよ。二次元コードの形状にはどんな特徴があるかな？

太郎：黒白の小さな正方形で構成されていて，3か所の隅に二重の少し大きな正方形がありますね。

先生：黒白の小さな正方形はセルと言って，1と0に符号化されるんだよ。図1の二次元コードは縦×横が33×33のセルで構成されているけど，文字種や文字数などによってセルの縦と横の数が変わり，それにつれて二次元コードの大きさも変わるね。A 3か所の隅にある二重の少し大きな正方形は，読み取り機にこの二次元コードがあることを教えている位置検出の目印なんだ。

（大学入試センター　試作問題「情報Ⅰ」第2問より抜粋）

B　次の文章を読み，後の問い（**問1〜3**）に答えよ。

　Mさんのクラスでは，文化祭の期間中2日間の日程でクレープを販売することにした。1日目は，慣れないこともあり，客を待たせることが多かった。そこで，1日目が終わったところで，調理の手順を見直すなど改善した場合に，どのように待ち状況が変化するかシュミレーションすることにした。なお，このお店では同時に一人の客しか対応できないとし，客が注文できるクレープは一枚のみと考える。また，注文は前の客に商品を渡してから次の注文を聞くとして考える。

問1　次の文章および表中の空欄 ケ 〜 シ に当てはまる数字をマークせよ。

　まず，Mさんは，1日目の記録を分析したところ，注文から商品を渡すまでの**一人の客への対応時間に約4分を要している**ことが分かった。

　次に，クラスの記録係が1日目の来客時刻を記録していたので，最初の50人の客の到着間隔を調べたところ，表1の人数のようになった。この人数から相対度数を求め，その累積相対度数を確率とみなして考えてみた。また，到着間隔は一定の範囲をもとに集計しているため，各範囲に対して階級値で考えることにした。

表1　到着間隔と人数

到着間隔（秒）	人数	階級値	相対度数	累積相対度数
0以上〜30未満	6	0分	0.12	0.12
30以上〜90未満	7	1分	0.14	0.26
90以上〜150未満	8	2分	0.16	0.42
150以上〜210未満	11	3分	0.22	0.64
210以上〜270未満	9	4分	0.18	0.82
270以上〜330未満	4	5分	0.08	0.90
330以上〜390未満	2	6分	0.04	0.94
390以上〜450未満	0	7分	0.00	0.94
450以上〜510未満	1	8分	0.02	0.96
510以上〜570未満	2	9分	0.04	1.00
570以上	0	−	−	−

（大学入試センター　試作問題「情報Ⅰ」第2問より抜粋）

　図表の読み取り問題は，**「何が問われているか」「どこに情報が書かれているか」「読み取れる正しい情報はどれか」をその場で判断できる力が必要**です。

第3問は，おもに**プログラミングに関する問題**が出題されると予想されます。プログラミング言語は多数あり，教科書や学校によって使用されているものが違っておりますが，共通テストでは，独自の**「共通テスト用プログラム表記」**が用いられます。共通テストの問題作成方針にも，次のように記載されています。

> プログラミングに関する問題を出題する際のプログラム表記は，授業で多様なプログラミング言語が利用される可能性があることから，受験者が初見でも理解できる大学入試センター独自のプログラム表記を用いる。
>
> ※独立行政法人大学入試センター「令和7年度大学入学者選抜に係る大学入学共通テスト問題作成方針」より抜粋

　また，「共通テスト用プログラム表記」を用いたプログラムは，次のようになります。見れば理解できるプログラム表記となっていますが，ルールはしっかりと覚えておきましょう。

```
(1) Kouka=[1,5,10,50,100]
(2) kingku=46
(3) maisu=0,nokori=kingaku
(4) i を [ キ ] ながら繰り返す:
(5)       maisu= [ ク ] + [ ケ ]
(6)    ─ nokori= [ コ ]
(7) 表示する (maisu)
```

図1　目標の金額ちょうどになる最小の硬貨枚数を計算するプログラム

（大学入試センター　試作問題「情報I」第3問より抜粋）

第4問は**データ分析に関する問題**が出題されると予想されます。第2問の図表の読み取りに近い内容ですが，第4問の方が，より数学的な技術が求められます。

第2問　花子さんたちは表1－A，表1－Bのデータから睡眠の時間と学業の時間に注目し，それぞれを図1と図2の箱ひげ図（外れ値は○で表記）にまとめた。これから読み取ることができる最も適当なものを，後の⓪〜③ のうちから一つ選べ。 イ

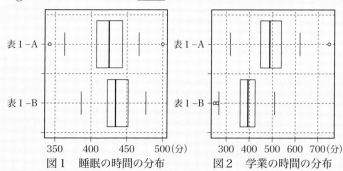

図1　睡眠の時間の分布　　　図2　学業の時間の分布

⓪ 睡眠の時間が420分以上である都道府県の数をみたとき，表1－Aの方が表1－Bよりも多い。

① 学業の時間が550分以上の都道府県は，表1－Aにおいては全体の半数以上であり，表1－Bにおいては一つもない。

② 学業の時間が450分未満の都道府県は，表1－Bにおいては全体の75％以上であり，表1－Aにおいては50％未満である。

③ 都道府県別の睡眠の時間と学業の時間を比較したとき，表1－Aと表1－Bの中央値の差の絶対値が大きいのは睡眠の時間の方である。

（大学入試センター　試作問題「情報Ⅰ」第4問より抜粋）

箱ひげ図や散布図など，数学で学習する内容のグラフの見方や意味をしっかりと理解しておくようにしましょう。

共通テスト 情報Ⅰのまとめ

- 共通テスト「情報Ⅰ」は，**文系・理系関係なく，ほとんどの国公立大学受験で必須な科目**である。

- 「情報Ⅰ」の**試験時間は60分**，**配点は100点**で，**大問4つ**の構成となっている。

- 第1問は**全単元から小問形式で出題**されると予想される。配点は20点である。

- 第2問は，おもに**身のまわりの技術について考える問題や，図表の読み取り問題**が中心になると予想される。配点は30点である。

- 第3問は，おもに**プログラミングに関する問題**が出題されると予想される。配点は25点である。また，プログラム言語には，共通テスト独自の「共通テスト用プログラム表記」が用いられる。

- 第4問は**データ分析に関する問題**が出題されると予想される。数学と同じような知識が重要となる。

SECTION

情報社会

THEME

SECTION1で学ぶこと

SECTION 1では，情報社会の概要や課題点と対処法を学びます。具体的には，メディアリテラシー，情報セキュリティ，個人情報保護，知的財産権・サイバー犯罪などの幅広い内容を扱います。

ここが問われる！ 情報の特性を日常と結びつける

「**情報とデータの違いは？**」「**情報にはどのような特性がある？**」という基本的な問題に答えられることはもちろん，それらの知識を**日常生活の延長線上に結びつける**ことが大切です。共通テストでは実生活に活きる学力を問う出題が多く，単純な暗記だけでなく，実践的に**どのように役に立つ**かを考えながら学ぶとよいでしょう。

ここが問われる！ 最新の情報技術や情報セキュリティにアンテナを張る

ITの進化によって，新しい情報技術が次々と登場しています。本書で出てくる技術はしっかりと覚え，その他日常生活で登場している最新技術にもアンテナを張っておきましょう。また，それらが**私たちの生活にどのような影響を与えているか**，情報セキュリティはどのように使われているかを理解しておきましょう。

知的財産権などの用語を覚えるだけではダメ

知的財産権や個人情報などは用語がたくさん出てくるため，細か
く覚えなければなりません。例えば「**産業財産権を4つ答えなさ
い。**」や「**著作権の有効期限は何年ですか。**」と聞かれて答えられ
ることは当然です。共通テストを攻略するなら，さらに踏み込んで
「**これらがなぜ重要か**」を考えるようにしましょう。

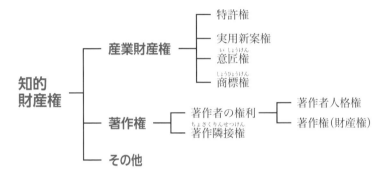

共通テストでは，生徒と先生の会話文を読みながら，
個人情報保護法が必要となる具体的なシチュエーション
があげられる可能性があるよ。サイバー犯罪やマ
ルウェア，ネット詐欺に対する防御方法も考えなが
ら学ぶといいね！
また，「どうやって出題されるかな？」と考えながら
勉強すると理解しやすいよ。がんばろうね！

THEME

1 情報と情報社会

**ここで
きめる!**

- 情報とデータの違いを説明できるようにしよう。
- 人間社会の進化の流れを知り，情報社会で扱われるビッグデータについて理解しよう。
- 新しい情報社会における課題を認識し，情報の適切な利用と管理方法を答えられるようにしよう。

1 情報とは

　私たちが現在生活している社会は**情報社会**といわれ，情報や知識が社会活動や経済活動の中心となっています。

　情報とは，人にとって意味や価値のあるものです。**受け手の意思決定の判断材料になる**可能性があります。一方で**データ**は，事実や事がらを数字や記号で表したものです。情報が21世紀の石油ともよばれる情報社会では，情報の発信者と受信者の**情報モラル**が重要視されます。

COLUMN

　1学期のテストの点数が70点だとします。この **「1学期のテストは70点」はデータに当たります**。そこに「2学期のテストは75点」「3学期のテストは80点」のように，別のデータを加えた集まりが「テストの点数を整理した**情報**」だといえます。この情報には「テストの点数はだんだん上がってきている」というような傾向があり，これからの勉強の進め方をどうするか参考にすることができます。

データを集めて解釈を加えると情報になることがわかりました。**その情報は，人の役に立つ形で蓄積されると知識になります。知識はさらに，価値を創造することで知恵になります。**

　この「**データ (Data)**」「**情報 (Information)**」「**知識 (Knowledge)**」「**知恵（Wisdom）**」を四層に並べた概念的なモデルを，頭文字をとって**DIKW ピラミッド（DIKW モデル）**といいます。

2　社会の発展

　私たちの社会は長い歴史を経て進化してきました。まず動物を狩ったりしてくらしていた**狩猟社会**にはじまり，次に**農耕社会**が訪れ，人々は自給自足の生活を送るようになりました。18世紀後半には**産業革命**が起こり，工場で機械を使って大量生産し，消費されるようになった**工業社会**が到来しました。

　さらに20世紀後半からは，情報と通信技術（ICT）の発展により**情報社会**が形成されました。そして，現在の情報社会の次に目指すべき社会のビジョンとして，日本政府が掲げているのが**society5.0**です。**超スマート社会**や**新しい情報社会**ともいいます。この社会は**IoT**（Internet of Things）や**人工知能（AI）**の発展（p.49）により，**現実空間と仮想空間が融合し，社会的な課題を解決できる社会**を目指しています。

新しい情報社会の例として，防災教育のシミュレーションがある。これは現実空間で仮想の火事を起こし，それによる炎の広がりや煙の流れを体の負担なく体験できるんだ。

POINT 社会の発展

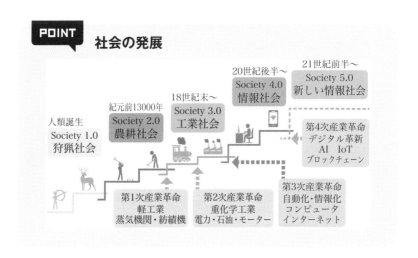

3 新しい情報社会の課題

　インターネットの普及により，情報はますます手に入りやすくなり，誰でも自由に情報を発信できるようになりました。しかし，「**情報の信頼性**」，「**プライバシーの保護**」，「**セキュリティの確保**」など，新たな課題も生じています。

　情報の信頼性については，**情報源を確認し，複数の情報源から情報を得る**ことで対処することができます。プライバシーの保護については，**個人情報の適切な管理と，プライバシーを守るための法律や規範の理解が必要**です。また，セキュリティの確保については，**パスワードの適切な管理やセキュリティソフトの利用**などが重要です。

　以上が情報社会と情報についての基本的な考え方です。これからも情報社会は進化し続けるでしょう。その変化に対応し，情報を適切に活用していく能力が求められます。

例題 次の空欄に当てはまる語句の組み合わせとして，最も適当なものを次のア〜エの中から選びなさい。

　私たちの社会は長い歴史を経て進化してきました。狩猟社会の後には＿＿①＿＿が訪れ，人々は自給自足の生活を送るようになりました。次に工業社会が到来し，＿＿②＿＿により機械が人々の生活を劇的に変化させました。

　現在，私たちは情報社会に生きています。情報社会は，情報と通信技術（ICT）の発展により形成されました。情報にはすぐにアクセスでき，広範なデータが蓄積され，分析され，活用されます。これらのデータは「ビッグデータ」と呼ばれ，ビジネス，科学，政策立案など，さまざまな分野での意思決定に利用されます。

　そしてこれからは「新しい情報社会」が来るといわれています。新しい情報社会の課題としては，「情報の信頼性」「＿＿③＿＿」「セキュリティの確保」などがあります。

ア　①農耕社会　②デジタル革新　③ビッグデータの利用
イ　①農耕社会　②産業革命　　　③プライバシーの保護
ウ　①工業社会　②産業革命　　　③ビッグデータの利用
エ　①工業社会　②デジタル革新　③プライバシーの保護

　この問題文は「人間社会の変化」について書かれています。人間社会は，「狩猟社会」→「**農耕社会**」→「工業社会」→「情報社会」→「新しい情報社会」と変化していきました。工業社会が到来した要因は，**産業革命**によるものでした。また，新しい情報社会の課題は「**情報の信頼性**」「**プライバシーの保護**」「**セキュリティの確保**」などがありました。これを満たしているのは **答え　イ** になります。

THEME

2 情報の特性と情報モラル

ここで きめる!

📖 情報がもっている6つの特性を理解しよう。

📖 情報社会の進展によって，テクノストレスやインターネット依存といった問題も起こっていることを把握しよう。

1 情報の特性

　情報は**6つの特性**をもっています。これらの特性は，情報がどのように作られ，伝えられ，使用されるかを理解する上でとても重要なものになります。

情報の特性は，共通テスト対策なら6種類覚えておこう！

1 情報の残存性

　情報の一つ目の特性は「**残存性**」です。**情報は時間と空間を超えて残ることができます**。これは，書籍やウェブサイト，動画などの形で情報を保存することで，後から知ることができます。また，情報は世代を超えて伝えられるため，過去の知識が現在と未来の学習に役立ちます。

もの

相手のもとに移動し，
元の場所から消える。

情報

相手に伝えてもなくならない。

その一方で，**情報をデータで残している場合は，古い時代に複製した情報を読み取るための機器が少なくなり，情報にアクセスすることが難しくなる**という課題があります。

❷ 情報の複製性

　情報の二つ目の特性は「**複製性**」です。**情報は完全に複製することができ，その品質を維持することが可能です。** これは，デジタル情報の特性のひとつで，マスメディアによる情報の広範囲な拡散を可能にしています。

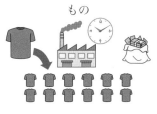

もの

複製には時間と手間がかかる。

情報

短時間で大量に複製できる。

デジタルだと，複製が簡単になるんですね。

そうだね。例えば写真だと，以前はフィルムを使っていたから複製に時間がかかっていたけれど，今ではパソコンで簡単に複製できるようになったね。

　その一方で，自分以外の人でもコピーが簡単にできるため，**複製して欲しくない情報でもいったん広まってしまうと，完全に消去することが難しい**という課題があります。

③ 情報の伝播性

　情報の三つ目の特性は「**伝播性**」です。**情報は迅速に広範囲に伝播することが可能です。**これは，インターネットやソーシャルメディアの普及により，情報が全世界に瞬時に広まる現代社会の特徴を表しています。

もの

ものを送り届けるには，
時間と手間がかかる。

情報

情報は瞬時に伝達できる。

　その一方で，**デマ**や**フェイクニュース**のような誤った情報もすぐに広まるため，これまで以上に情報の正しさについて，よく確認する必要があります。

④ 情報の個別性，目的性，形がない性質

　情報の残りの特性は，「**個別性**」，「**目的性**」，「**形がない**」です。情報の個別性は，**情報は受け取る人や使用する環境によってその価値や内容が変わることがある**という特性です。情報の目的性は，**情報が特定の目的を達成するために用いられる**という特性です。情報には何かしらの意図が介在するときもあるため，**ステルスマーケティング**などにつながっていることがあると認識しておき，注意するようにしましょう。また，情報には形がないため，**盗まれても気づきにくい**という注意点があります。そのため，情報セキュリティの意識を高める必要があります。

以上の特性は，情報がどのように作成され，伝播され，使用されるかを理解する上でとても重要です。これらの特性を理解することで，情報の価値と使い方をより深く理解することができます。

2　情報モラル

　ここでは，情報の特性が情報社会にどのような影響を与えているかについて説明します。

1 テクノストレス

　情報化社会の進展は，**テクノストレス**という新しい問題を引き起こしています。テクノストレスとは，**情報機器を使いこなせないことや，常に情報機器につながらなければならないプレッシャーからくるストレス**を指します。特に，**テクノ不安症**と**テクノ依存症**はテクノストレスの典型的な例であり，前者は情報機器に対する不安から，後者は情報機器への過度な依存から生じます。

2 インターネット依存

　インターネット依存もまた深刻な問題となっています。特に若者の中には，インターネットに過度に依存して日常生活に支障をきたす人が増えています。この問題を解決するためには，インターネットの適切な使い方を学ぶことが重要です。

私も，ついついスマートフォンでずっと動画を見てしまいます。

「スマートフォンがないと落ち着かない」となったら使い過ぎの合図だから，気をつけようね。

③ ネットいじめ

ネットいじめは，インターネットを使った嫌がらせ行為で，特に**SNS**などで問題となっています。これに対する対策としては，**ネットマナー**の徹底といじめを見つけたときの対応方法の教育が必要です。

④ ワンクリック詐欺・架空請求

ワンクリック詐欺や**架空請求**は，インターネットを利用した詐欺行為のひとつです。これらの詐欺は，ユーザが知らず知らずのうちに高額な料金を請求されるというもので，情報モラルの観点から見ても深刻な問題となっています。ユーザが安全にインターネットを利用するためには，これらの詐欺の仕組みを理解し，**不審なウェブサイトやメールからは遠ざかることが重要**です。

⑤ 情報モラルの教育

これらの問題を防ぐためには，**情報モラル**の教育が不可欠です。学校や家庭での教育を通じて，情報の適切な利用方法や，他人のプライバシーと著作権の尊重，ネットマナーなどを学ぶべきです。

以上のように，情報社会で生きる私たちにとって，情報モラルは必須のスキルとなっています。情報を扱う際には常にこれらのモラルを念頭に置き，適切な行動を心掛けましょう。

例題 次の空欄に当てはまる語句の組み合わせとして，最も適当なものを次のア〜エの中から選びなさい。

情報には，次のような特性がある。
・時間と空間を超えて残ることができる＿＿＿①＿＿＿性
・完全に複製することができる複製性
・迅速に広範囲に伝えることができる＿＿＿②＿＿＿性
・特定の目的に基づく＿＿＿③＿＿＿性
・個別に作成される＿＿＿④＿＿＿性
これらの特性を理解することで，情報をより適切に使うことができるのである。

ア　①伝播　　②残存　　③目的　　④個別
イ　①残存　　②伝播　　③個別　　④目的
ウ　①残存　　②伝播　　③目的　　④個別
エ　①個別　　②伝播　　③目的　　④残存

　この文章は，情報の特性に関するものです。それぞれキーワードとなる語句があり，キーワードとなる語句がそのまま正解になるものもあります。「残ることができる」ので①は**残存性**，「広く伝えることができる」ので②は**伝播性**，「特定の目的がある」から③は**目的性**，「個別に作られる」ので④は**個別性**となります。よって，正しい組み合わせは **答え ウ** です。

THEME

3 知的財産権

ここで
きめる！

📖 産業財産権は特許庁への申請と審査が必要な方式主義であることを覚えておこう。

📖 知的財産権の適切な管理と保護が，創作と発明の活動を支えていることを理解しよう。

3

知的財産権

1 知的財産権の概要

① 知的財産権とは

知的財産権とは，創作物や発明，商標，デザインなど，人間の知的活動によって生み出された無形の財産を保護する法的権利です。知的財産権は，大きく**産業財産権**と**著作権**に分けられます。

POINT **知的財産権の構成**

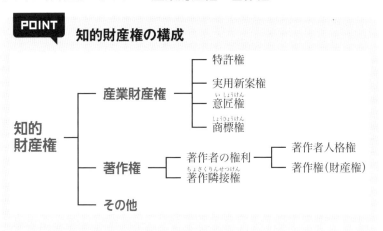

② 知的財産権の重要性

知的財産権は，創作者や発明者の労力と才能を尊重し，その成果を保護することで，新たな創作や発明の促進を目的にします。

しかし，これらの権利を適切に保護・管理しなければ，**剽窃**や**パテントトロール**などの問題が生じる可能性もあります。剽窃は**他人の創作物を自作と偽る行為**で，パテントトロールは特許を取得するだけでなく，**他人の特許侵害を主張して不当な利益を得ようとする行為**を指します。

2 産業財産権

産業財産権は，発明，デザイン，商標など，産業活動に利用される知的財産を保護する権利です。産業財産権には，**特許権**，**実用新案権**，**意匠権**，**商標権**の4つの権利があります。特許権は，**新規性や進歩性，実用性をもつ発明**に対して与えられます。実用新案権は，**物品の形状や構造などといった技術面のアイデア**に対して与えられる権利です。意匠権は**新規のデザイン**に対する権利で，商標権は**商品やサービスの出所を示す商標**に対する権利です。これらの産業財産権は，**特許庁に申請して認められることで権利が発生する，方式主義**となっています。

〈スマートフォンに関係している産業財産権の例〉

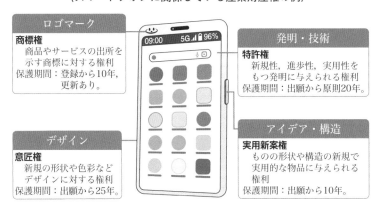

ロゴマーク

商標権
　商品やサービスの出所を示す商標に対する権利
保護期間：登録から10年，更新あり。

発明・技術

特許権
　新規性，進歩性，実用性をもつ発明に与えられる権利
保護期間：出願から原則20年。

デザイン

意匠権
　新規の形状や色彩などデザインに対する権利
保護期間：出願から25年。

アイデア・構造

実用新案権
　ものの形状や構造の新規で実用的な物品に与えられる権利
保護期間：出願から10年。

産業財産権の４つは保護期間も重要だよ。唯一更新可能なのは**商標権**だ。なお特許権は，最大で25年まで保護される場合があるよ。

　特許権の例として，株式会社デンソーウェーブが所有している**QRコード**があります。これは第三者の自由な再利用を承諾している**ライセンスフリー**の状態であるため，世界中の企業が使用しています。ここで重要なのは，株式会社デンソーウェーブは**特許権を放棄しているわけではない**ということです。もし特許権を放棄してしまうと，**他の企業が似た特許を取得して独占してしまうおそれがある**ため，それを防ぐために権利を所有しています。

3　著作権

① 著作物と著作者

　著作物は思想や感情を創作的に表現したもので，文学，音楽，絵画，映像など，その種類は多岐にわたります。**著作者**とは，その著作物を創作した人を指します。なお，共同で創作した場合，**それぞれの創作者は共同著作物に対する著作権を共有します**。

　著作権は著作者が自分の著作物に対してもつ権利で，**作品の複製，公衆送信，翻訳などを独占的に行う権利と，著作者としての名誉を保護する権利**を含みます。日本では**無方式主義**を採用しており，**特に登録や手続きをしなくても，作品が形になった時点で自動的に著作権が発生します**。

〈著作物の例〉　　　　　　　　　〈著作物ではないものの例〉

言語の著作物

美　術

単なるデータや事実

音　楽

プログラム

大量生産のデザイン

映　画

アイデアそのもの

❷ 著作者人格権と著作権（財産権）

　著作者の権利には，**著作者人格権**と**著作権（財産権）**があります。**著作者人格権には，公表権，氏名表示権，同一性保持権があります。**

・**公表権**：著作物を公に発表するか否かを決定する権利
・**氏名表示権**：著作物に著作者の名前を表示するか否かを決定する権利
・**同一性保持権**：著作物の内容や形式を勝手に変えられない権利

　一方，著作権（財産権）とは著作物の利用に関する権利であり，**複製権，公衆送信権，展示権，頒布権**などがあります。

❸ 著作隣接権

　著作隣接権は著作権とは別に設けられた権利で，演奏家，製作者（レコード製作，映画製作など），放送機関などがもつ権利です。

④ 引用と著作権の制限

「著作権者の利益を不当に侵害しない範囲であれば，著作者の許諾を得ることなく著作物を使用することができる」という規定があります。これを**著作権の制限**といいます。

〈著作権の制限〉

引用	適正な範囲内で，どの著作物を使ったのか明示すれば使用可能。
私的使用のための複製	私的使用のみが目的であれば複製可能。ただし，映画は私的使用が目的だとしても撮影（録画・録音）してはならない。
教育機関	授業の過程で使用する目的であれば複製可能。オンライン授業の場合，主会場の教材を副会場に送信可能。
公共図書館	利用者に提供する，保存する，他の図書館へ提供するためであれば複製可能。

著作権の制限のひとつに**引用**があります。これは，条件付きで他人の著作物を利用することができるというもので，その条件は下記の通りです。

・他人の著作物を利用する必然性があること
・自分の著作物と引用部分が区別されていること
・自分の著作物が主，引用する著作物が従という主従関係が明確であること
・引用する著作物の出所が明示されていること

また，私的利用や公立図書館での複製，教育機関での複製や入試問題としての複製は，著作権の制限の適用となることがあります。なお，著作権の保護期間は，**著作者の死亡した翌年の1月1日から起算して70年間であり，共同著作物の場合は最後の著作権者が死亡した翌年の1月1日から起算して70年間**となります。

著作権を侵害しないように，気をつけます！

そうだね。特に今はインターネットからデータを簡単にダウンロードできるようになり，知らず知らずのうちに著作権を侵害しているケースがあるから注意してね。

例題 著作権について述べている次の文章で，その内容が適当なものを次のア〜オの中から2つ選びなさい。

ア　知的財産権は，大きく分けて著作権と産業財産権に分けることができる。

イ　著作権は，著作者が自分の創作物に対してもつ権利で，日本では方式主義を採用している。

ウ　産業財産権は，発明，デザイン，商標など，産業活動に利用される知的財産を保護する権利で，総務省に申請して審査に合格すると発生する。

エ　著作者には，公表権，氏名表示権，同一性保持権がある著作者人格権と，複製権，公衆送信権，展示権，頒布権などがある著作権（財産権）がある。

オ　他人の著作物を一部使用することを引用といい，著作物を引用する場合には，必ず著作者の許可を得なければならない。

ア　正しい。知的財産権は著作権と産業財産権に分けられます。

イ　日本では，著作権に関して**無方式主義**を採用しています。

ウ　申請先は，総務省ではなく**特許庁**になります。

エ　正しい。著作者には著作者人格権と著作権（財産権）があります。

オ　引用する場合，**適正な範囲内で利用し，どの著作物を使ったか明示**すれば，著作者の許可をとる必要はありません。

　以上のことから，　**答え** **アとエ** になります。

4 個人情報とマルウェア

ここで 🏅 きめる!

- 🏅 クリエイティブ・コモンズについて理解しよう。
- 🏅 個人情報の不正利用例と，その対策方法を知っておこう。
- 🏅 マルウェアの種類とその手口を確認し，その対策方法を覚えておこう。

4

個人情報とマルウェア

1 著作物の利用範囲と個人情報の保護

① クリエイティブ・コモンズ

　情報を扱う上で重要な知識として，**クリエイティブ・コモンズ（CC）** があります。これは，**著作権者が自らの著作物に対して許諾を行うためのライセンス体系**です。以下の4つの要素を組み合わせて，著作物の利用範囲を明確に示すことができます。

〈クリエイティブ・コモンズの主な種類〉

🛈	BY（表示）	著作物を利用する際には著作者を表示する
🚫	NC（非営利）	著作物を営利目的で利用することを禁じる
⊜	ND（改変禁止）	著作物を改変することを禁じる
↻	SA（継承）	著作物を改変した場合，その改変物も同じライセンスを適用する

❷ 個人情報とその保護

　個人情報とは，生存する個々の人を識別することができる情報のことを指します。これには，**氏名や住所，性別，生年月日といった基本四情報**のほか，電話番号やメールアドレスなどが含まれます。また，マイナンバーやパスポート番号のような，**その情報単独で個人を特定できる個人識別符号**や，人種・犯罪歴・社会的身分などの**特に配慮を必要とする情報である要配慮個人情報**なども，重要な個人情報として取り扱われます。

　個人情報の不適切な取り扱いは**プライバシーの侵害**につながるため，その保護は非常に重要です。そのため，2003年に**個人情報保護法**が制定され，個人情報の取り扱いには一定のルールが設けられています。また，個人の肖像を無断で公開することは**肖像権の侵害**となります。

2　個人情報の不正利用と対策

　フィッシング詐欺や**キーロガー**，**ソーシャルエンジニアリング**は，個人情報の不正利用の一例です。フィッシング詐欺は，**偽のウェブサイトやメールを用いて個人情報を盗む詐欺手法**です。キーロガーは，**コンピュータのキーボード入力を盗み取るソフトウェア**で，パスワードやクレジットカード

〈フィッシング詐欺の手口〉

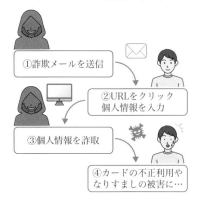

① 詐欺メールを送信
② URLをクリック　個人情報を入力
③ 個人情報を詐取
④ カードの不正利用やなりすましの被害に…

番号などの個人情報を不正に取得します。ソーシャルエンジニアリングは，クレジットカード番号や口座の暗証番号などを入力しているときに背後から盗み見たりするなど，**情報技術を使わずに個人情報などを盗み取ります**。

これらの脅威に対抗するためには，次のような対策が必要です。

(1) **プライバシーマーク**

　企業が個人情報を適切に管理していることを示すマーク。消費者はこのマークの有無によって，情報を安全に扱っているかどうかを客観的に判断できます。

(2) **オプトアウト**

　個人が自分の情報を第三者に提供することを拒否する方式。例えば，広告メールの配信停止を求めることができます。

(3) **オプトイン**

　個人が自分の情報を第三者に提供することを明示的に許可する方式。情報を提供する前に，その目的や利用方法などについての説明と同意が必要です。

〈プライバシーマーク〉

Pマーク
個人情報保護
00000000(11) マネジメントシステム

個人情報に対する「漏えい」「滅失」
「毀損」などのリスクをマネジメント
するための規格

〈オプトイン・オプトアウト〉

⭕オプトイン　❌オプトアウト

受信許可した
顧客にのみメールを
配信できる

受信拒否した
顧客にはメールを
配信できない

私たち自身が個人情報の大切さをきちんと理解して，適切に管理することが大事なんですね。

そうだね。例えばインターネット上で，買い物などで自分の名前や住所を入力することがあるね。買い物が簡単にできることはよいことだけど，そのサイトやサイトに載っている業者を信用できるのかどうかは，十分に確認する必要があるよ。

次の空欄に当てはまる語句の組み合わせとして，最も適当なものを次のア～エの中から選びなさい。

○著作権者が，自らの著作物に対して許諾を行うためのライセンス体系としてクリエイティブ・コモンズがあり，以下の4つの要素を組み合わせて著作物の利用範囲を示す。
(1) 表示：著作物を利用する際には著作者を表示する
(2) ＿＿＿①＿＿＿：著作物を営利目的で利用することを禁じる
(3) 改変禁止：著作物を改変することを禁じる
(4) ＿＿＿②＿＿＿：著作物を改変した場合，その改変物も同じライセンスを適用する

○個々の人を識別することができる情報のことを＿＿＿③＿＿＿といい，③の不正利用の一例として次のような手口がある。
(1) ＿＿＿④＿＿＿：偽のウェブサイトやメールを用いて個人情報を盗む
(2) キーロガー：コンピュータのキーボード入力を盗み取る
(3) ＿＿＿⑤＿＿＿：情報技術を使わずに個人情報を盗み取る

ア ①非営利　　②継承　　③個人情報
　　④フィッシング詐欺　　⑤ソーシャルエンジニアリング
イ ①公的利用　②頒布　　③機密情報
　　④ワンクリック詐欺　　⑤スパイウェア
ウ ①非営利　　②頒布　　③機密情報
　　④ワンクリック詐欺　　⑤ソーシャルエンジニアリング
エ ①公的利用　②継承　　③個人情報
　　④フィッシング詐欺　　⑤スパイウェア

上段は著作権に関する文章，下段は個人情報の不正利用に関する文章です。それぞれ見ていきましょう。

○クリエイティブ・コモンズには４つの要素があり，著作物を営利目的で利用することを禁じることは「**非営利**」といい，著作物を改変した場合にその改変物も同じライセンスを適用することを「**継承**」といいます。

○生存する個々の人を識別することができる情報のことを「**個人情報**」といい，偽のウェブサイトやメールを用いて個人情報を盗む手口を「**フィッシング詐欺**」，情報技術を使わずに個人情報を盗み取る手口を「**ソーシャルエンジニアリング**」といいます。なお「スパイウェア」とは，ユーザの許可なくコンピュータ上で動作し，個人情報を不正に収集するソフトウェアです。

以上のことから，　答え　**ア**　です。

3　マルウェアの種類と特徴

マルウェアは悪意をもったソフトウェアの総称で，不正な目的のために作成されたプログラムです。マルウェアにはさまざまな種類があり，それぞれ異なる攻撃手法や目的をもっています。

(1)　**ウイルス**

　他のプログラムに潜むことで拡散し，デバイスの動作を妨げたりデータを破壊したりします。

(2)　**スパイウェア**

　ユーザの知らない間に個人情報を収集し，それを第三者に送信します。**キーロガーは打鍵情報を盗むスパイウェアの一種です。**

(3) **ランサムウェア**

　　デバイスのデータを暗号化し，復元するための「身代金」を
要求します。

(4) **ボット**

　　不正な制御下に置かれ，ネットワークを通じて攻撃を行いま
す。これを悪用した攻撃には**DoS攻撃**や**DDoS攻撃**がありま
す。

4　マルウェアからの防衛

マルウェアから身を守るには，一定の対策が必要です。

(1) **クッキーの適切な管理**

　　スマートフォンやパソコン内に保存されるIDやパスワード
の認証情報などを**クッキー**といいます。**クッキーを保存する
ことでIDやパスワードの入力を省略できる**ため，ウェブサ
イトを便利に使えます。しかし，中にはユーザの情報を不適切
に利用するものもあるため，クッキーの設定や管理に注意が必
要です。

(2) **二要素認証・二段階認証**

　　パスワードだけでなく，**もう一つの証明（例えば，SMSに
よるコードやアプリによる通知）を必要とする認証方式**です。
これにより，パスワードが漏えいしても不正ログインを防ぐこ
とができます。

〈二要素認証の例（顔認証＋パスワードの二要素）〉

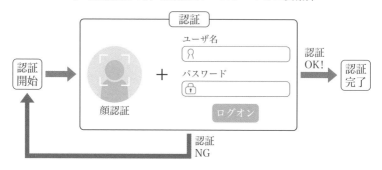

加えて，**常に最新のアンチウイルスソフトウェアを使ってデバイスを保護**すること，**不審なメールやウェブサイトからのダウンロードを避ける**こと，**OSやアプリケーションの更新を適宜行う**ことなどが，マルウェアへの防衛策として重要です。

マルウェアにはいろいろな種類があってこわいですね。

これからも新しい種類やいろいろな手口が増えることが予想されるね。被害に遭わないためには，パスワードの使いまわしをしないようにしたり，二要素認証を使ったりして自衛することが大切だよ。

例題 パスワードに関する次の記述について，必ずしも<u>適切で</u><u>はないもの</u>をすべて選びなさい。

ア　安全のため，どんなパスワードでも必ず定期的に変更する。
イ　破られにくいものにするため，パスワードにはアルファベット・記号・数字のすべてを含むようにする。
ウ　忘れないようにするため，名前と生まれた年を組み合わせてパスワードを設定する。
エ　顔認証であれば認証ミスは起きないので，システムにログインするときは顔認証だけでログインできるようにすればよい。

ア　2018年3月に，総務省は「パスワードを定期変更する必要はなく，流出時に速やかに変更する」と発表しました。このため，パスワードは必ず定期的に変えなければいけないとはいえません。しかし，これは「定期的にパスワードを変更しなくてもよい」ということよりも，「**パスワードにはより強固なものを使うべきである**」という点に重点が置かれていることを理解しておきましょう。
イ　正しい。パスワードは他人が見破れないように，**文字や記号，数字を掛け合わせて設定すべき**です。
ウ　他人が思いつきにくいパスワードにする必要があるため，不適切です。
エ　顔認証の精度は高くなっていますが，万全を期すなら顔認証にパスワード認証などの**二要素認証**にすべきです。

以上から，　**答え　ア，ウ，エ**　です。

5 情報システムと新しい情報技術

ここで 動き出る!

📖 POSシステムや電子マネー，GPSなどの情報システム
を把握し，その仕組みを理解しよう。

📖 人工知能やビッグデータ，VRなどの新しい情報システム
について，その技術内容と使用例を知っておこう。

1 身の回りの情報システム

① POSシステムとATM

POS（Point of Sales）システムは商品の売上情報をリアルタ
イムで管理するためのシステムで，主に小売業界で使用されていま
す。**ATM（Automatic Teller Machine）**は銀行の自動化され
た窓口で，振込み，引き出し，残高照会などの各種取引を行うこと
ができます。

〈POSシステムの仕組み〉

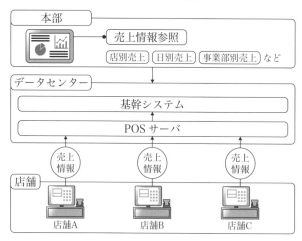

② 電子マネーと電子決済

　電子マネーは電子化されたお金のことで，カードやスマートフォンを使用して支払いを行います。**電子決済**はインターネットを通じて電子的に金銭の移動を行うシステムで，オンラインショッピングや電子ビジネスに不可欠です。

〈電子マネーの仕組み〉

電子マネーにチャージ　　　　　　電子マネーで買い物

電子マネーはとても便利ですね。私も使っています。

そうだね。ただ，電子マネーや電子決済はお金を使っている感覚があまり感じられない人も多いと思うから，使い過ぎに注意する必要があるね。

　電子マネーのほかに近年使われ始めているのが，**RFID（Radio-Frequency Identification）** という技術です。RFIDは「**無線周波数識別**」といい，特定の周波数の無線信号を用いて，タグに埋め込まれた情報をリモートで読み取ります。**バーコードと違い，直接スキャンしなくても情報を読み取れる**ため，食材の追跡調査に使われたり，図書館内でどの本がどこにあるのかをパソコンで簡単に調べられてたりします。

　その他金融系での情報システムには，**ATM**や**インターネットバンキング**，QUICPayのような**モバイルペイメントシステム**などがあります。

❸ ETCと気象観測システム

　ETC（Electronic Toll Collection System） は自動車の料金所での支払いを自動化するシステムで，無停止で通行料を支払うことができます。**気象観測システム**は気象データを収集して予測モデルに供給するシステムで，天気予報や気候変動の研究に利用されています。

〈ETCの仕組み〉

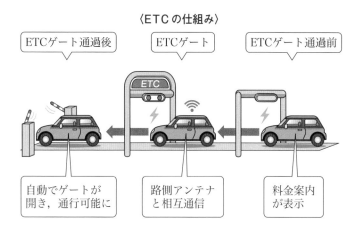

ETCゲート通過後	ETCゲート	ETCゲート通過前
自動でゲートが開き，通行可能に	路側アンテナと相互通信	料金案内が表示

〈気象観測システムの仕組み〉

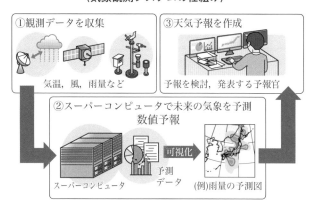

①観測データを収集
気温，風，雨量など

③天気予報を作成
予報を検討，発表する予報官

②スーパーコンピュータで未来の気象を予測
数値予報
スーパーコンピュータ　予測データ　可視化　(例)雨量の予測図

④ GPSとGIS

　GPS（Global Positioning System）は地球上の任意の場所での位置情報を提供するシステムで，ナビゲーションや位置情報サービスに使用されます。**GIS（Geographic Information System）**は地理的な位置情報を管理，分析，表示するためのシステムで，都市計画や環境管理などに利用されています。

〈GPSの仕組み〉

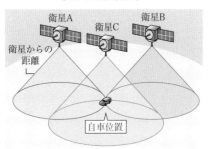

例えば車の位置を調べる場合，**人工衛星から車までの距離**を電波で測ります。この距離がわかれば，自分の車が衛星を頂点とした**円錐の底辺の円周上のどこかにいる**ということになり，この計算を複数の人工衛星で行って，車の位置を割り出します。

〈GISの仕組み〉

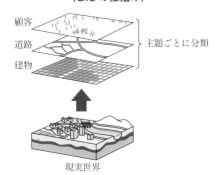

GISは，建物，道路，河川など現実に存在するものや，人口分布，天気，渋滞情報などの事象を**レイヤーという「層」で管理**し，分析するためのシステムです。

2 クラウドコンピューティング

クラウドコンピューティング（通常は**クラウド**と呼ばれる）は，インターネットを通じて提供されるコンピューティングサービスのことを指します。クラウドは，**ユーザが必要なときに必要なだけリソースを利用でき，その使用量に応じて費用が発生する**という特性をもちます。これにより，ユーザは大量のデータを管理したり，高度な計算を実行したりするための大規模なハードウェアを自身で所有・管理する必要がなくなります。

これらの情報システムは我々の生活を効率化し，コミュニケーションの円滑化，業務の自動化，新たなビジネスチャンスの創出などに寄与しています。しかし，それぞれのシステムを適切に利用し，保守するためには，その仕組みを理解し，適切な情報モラルをもつことが重要です。

〈クラウドコンピューティングの仕組み〉

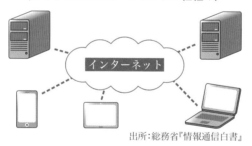

出所:総務省『情報通信白書』

3 新しい情報技術

情報技術は，情報の取得，処理，保存，伝達に関連する技術全体を指します。近年の情報技術の発展は驚異的で，多くの新しい技術が生まれ，社会全体が大きく変化しています。ここでは，その中でも特に注目されている技術について見ていきましょう。

① 人工知能（AI）

人工知能（AI）は，人間がもつ知能をコンピュータ上で模倣する技術を指します。これにより，人間が行うような複雑な判断や推論をコンピュータが自動的に行うことが可能になります。

〈AIが行う推論の例〉

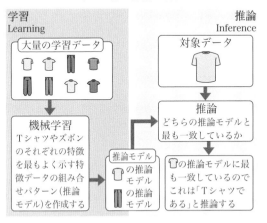

学習 Learning	推論 Inference

未知の写真からその特徴を抽出し，「推論モデル」にその特徴を照合します。そして，Tシャツの特徴の組み合わせパターンから作られた推論モデルが，最もその特徴パターンに近いと判断すれば，「Tシャツ」という推論結果を出力します。

AIは，主に**機械学習**という方法で知識を得ています。機械学習は大きく以下の３つに分けられます。

- **教師あり学習**：正解がわかっている問題を学習させ，未知の問題に対して答えを出す方法。
- **教師なし学習**：正解を教えずにデータのパターンやグループを見つけ出させる方法。
- **強化学習**：試行錯誤しながら，報酬を最大化する行動を学習する方法。

COLUMN

生成AIのひとつである**ChatGPT**は，「GPT」（Generative Pre-trained Transformer）というモデルを使用しています。事前にインターネット上の記事，書籍，会話などを大量に読み込ませ，一般的な言語のパターンを学習させることで，文の構造や単語の関連性・文脈の理解などが行われます。

② IoT（Internet of Things）

IoTは，さまざまな物体がインターネットに接続され，データを送受信する技術を指します。これにより，生活やビジネスのさまざまな場面で自動化や効率化が進んでいます。

〈IoT の例〉

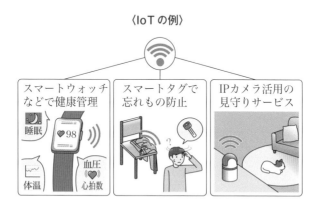

③ ビッグデータ

ビッグデータは，その規模が巨大で，従来のデータベース管理システムでは処理しきれないほどの大量のデータを指します。ビッグデータは，三つの「V」で特徴づけられます。

・Volume：データ量が非常に多い。
・Velocity：データが生成される速度が速い。
・Variety：構造化データ，非構造化データ，半構造化データなど，さまざまな形式のデータが含まれます。

　ビッグデータを適切に分析することで，新たな知見を得ることができますが，同時に**ビッグデータの適切な利用**も重要な課題となっています。ビッグデータは，その分析により新たな知識や洞察を得ることができますが，その利用は個人のプライバシーや倫理的な問

題を引き起こす可能性があります。そのため，ビッグデータの利用
は，適切なガイドラインやルールに従って行われるべきです。

〈ビッグデータの分析例〉

4 VR（Virtual Reality）とAR（Augmented Reality）

　VRはコンピュータによって生成された**仮想的な3Dの環境にユー
ザが没入する技術**を指します。一方，**ARは現実の世界にデジタ
ル情報を重ね合わせる技術**を指します。これらはゲームだけでなく，
教育や訓練，医療などさまざまな分野で応用が見られています。

〈VRとARの使用例〉

	VR	AR
意味	仮想現実	拡張現実
特徴	ヘッドマウントディスプレイな どを装着し，仮想空間を表示	スマートフォンなどの画面上で， 現実空間に仮想の情報を表示
活用例	バーチャル空間で体験する 職業トレーニングソフト	実際の部屋に家具を配置する シュミレーター

⑤ 高齢者の見守りシステム

　情報技術の進歩は，社会課題の解決にも役立っています。例えば，**高齢者の見守りシステム**では，センサやカメラを用いて高齢者の生活状況をモニタリングし，異常があれば自動的に通報するといったシステムが開発されています。これにより，高齢者の安全を確保しつつ，その自立した生活を支援することが可能となっています。

〈高齢者の見守りシステムの例〉

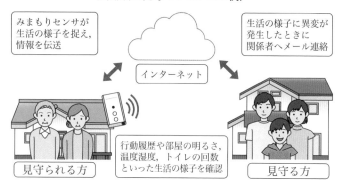

　以上のように，情報技術は私たちの生活を大きく変えています。しかしその一方で，これらの技術がもたらす社会的な影響や倫理的な問題についても，しっかりと考えることが求められています。

4 情報システムの信頼性

① 機械システムの設計

　機械が故障したとき，最悪の事態を避けるように設計されている安全対策があります。例えば電車のブレーキは，電気が止まってしまった場合，電車が安全に停止するように作られています。このような設計を「失敗安全」という意味で**フェイルセーフ**といいます。

似た言葉で**フェイルソフト**という設計があります。これは「障害時減機能」を意味する言葉で，**システムに何か問題が発生した場合にすべてを停止するのではなく，限定的な機能を維持しながら運用を続けることができるようにする設計**のことです。例えば，大規模なサーバが攻撃を受けたとき，重要でない部分は停止し，重要な機能は保持し続けることで，システム全体のダウンを防ぐことが可能となります。

また，**フールプルーフ**という設計もあります。これは，どんな使用者であっても**間違いに気づけるようにする設計**のことです。例えば電子レンジであれば，誤作動を防ぐために30分以上には設定できないようにしているものがあります。

2 平均故障間隔

機械やシステムが故障するまでの平均時間のことを MTBF（Mean Time Between Failure）といいます。MTBFは，**機械がどれだけの期間正常に動き続けるかの平均値を示すもの**であり，総動作時間を故障回数で割って求められます。

$$\text{MTBF} = \frac{総動作時間}{故障回数}$$

例えば，ある飲料水の自動販売機が合計で10,000時間動作して，その間に10回故障したとします。そのときのMTBFは，

$$\text{MTBF} = \frac{10,000時間}{10回} = 1,000時間$$

となります。これは，自動販売機が**平均して1,000時間ごとに故障すること**を意味します。

③ 平均修理時間

　故障した機械やシステムを修理して再び動作状態に戻すまでの平均時間のことを**MTTR**（Mean Time To Repair）といいます。MTTRは，総修理時間を故障回数で割って求められます。

$$\text{MTTR} = \frac{\text{総修理時間}}{\text{故障回数}}$$

　例えば，先ほどの自動販売機の故障10回に対し，合計で50時間修理に費やしたとします。そのときのMTTRは，

$$\text{MTTR} = \frac{50\text{時間}}{10\text{回}} = 5\text{時間}$$

となります。これは，自動販売機が故障すると，**修理に平均5時間かかることを意味**します。

④ 稼働率

　機械やシステムが利用可能な時間の割合を稼働率（Availability）といいます。稼働率は以下の式で求めることができ，**高い稼働率は，機械がほとんどの時間動作していることを意味**します。

$$\text{Availability} = \left(\frac{\text{MTBF}}{\text{MTBF}+\text{MTTR}}\right) \times 100\%$$

　例えば，総動作時間が10,000時間で，MTTRが5時間の場合，

$$\text{Availability} = \left(\frac{1{,}000\text{時間}}{1{,}000\text{時間}+5\text{時間}}\right) \times 100 \approx 99.5\%$$

となります。これは，自動販売機が**99.5%の時間稼働していることを示しています。**

稼働率の高い情報システムは，企業にとって大きな利益をもたらすから，**稼働率は情報システムの信頼性の指標**となっているんだ。

SECTION

1

情報社会

`COLUMN` 情報格差（デジタルデバイド）

　情報をうまく使いこなせる人と使いこなせない人との間に生じる格差を**情報格差（デジタルデバイド）**といいます。例えば，インターネットに接続する環境の有無や，パソコンやスマートフォンなどの情報端末を所持しているかどうかによって，取得できる情報の量や情報を発信できる機会は異なります。この格差は日本だけではなく，国際的な課題にもなっています。また，**デジタルデバイドは所得の格差にもつながります。**

　次の空欄に当てはまる語句の組み合わせとして，最も適当なものを次のア～エから選びなさい。

○人間がもつ知能をコンピュータ上で模倣する技術を＿＿①＿＿といい，さまざまな研究がなされている。

○従来のデータベース管理システムでは処理しきれないほどの大量のデータを＿＿②＿＿といい，ビジネスの世界だけでなく，医療や防災など多様な分野での活用が期待されている。

○情報通信技術の発展により，いろいろな方法でコンピュータが活用されている。インターネットを通じて，サービスを必要な時に必要な分だけ利用する＿＿③＿＿や，家電などをインターネットに接続して制御する＿＿④＿＿がその例である。

（語群）

ア ①AI ②ビッグデータ ③エッジコンピューティング
④IoT

イ ①AR ②オープンデータ ③クラウド
④VR

ウ ①AI ②ビッグデータ ③クラウド
④IoT

エ ①AR ②オープンデータ ③エッジコンピューティング
④VR

まず，これが情報システムや新しい情報技術についての文章だということがわかるようになりましょう。

○人間がもつ知能をコンピュータ上で模倣する技術のことを，**人工知能（AI）**といいます。

○データベース管理システムでは処理しきれないほどの大量のデータのことを「**ビッグデータ**」といいます。オープンデータは，著作権や特許などの制限なしで，すべての人が利用・加工できる形で公開されたデータのことです。

○インターネットを通じて，必要な時に必要な分だけ利用するサービスを「**クラウド**」といいます。エッジコンピューティングは，利用者の近くにサーバを設置して中間処理を行う考え方のことです。また，家電などをインターネットに接続して制御する仕組みを「**IoT（Internet of Things）**」といいます。

以上のことから，答え▶**ウ** です。

SECTION

デジタル化と情報デザイン

2

THEME

 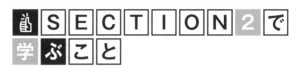

SECTION 2では，情報をデジタル化し，有効に使うための技術や方法について学びます。アナログとデジタルの違い，ビットとバイト，データの符号化，さまざまなデータのデジタル化方法（音声，画像，動画）そしてデータ圧縮について理解しておきましょう。

 2進法と16進法の計算は必須

人類はコンピュータを活用して膨大なデータを保存し，データ量が増加したからこそ，2進法だけでなく16進法を活用してより多くのデータを効率よく活用しているのです。10進数と2進数の計算についてはもちろん，16進数との関連についても把握しておくことが求められます。

［10進数，2進数，16進数の関係］

10進数	0	1	2	3	4	5	6	7	8
2進数	0	1	10	11	100	101	110	111	1000
16進数	0	1	2	3	4	5	6	7	8
10進数	9	10	11	12	13	14	15	16	
2進数	1001	1010	1011	1100	1101	1110	1111	10000	
16進数	9	A	B	C	D	E	F	10	

ここが問われる！ デジタルデータへの変換方法を理解しよう

　文字，音声，画像，動画のデジタル表現方法を学び，ランレングス法やハフマン法のようなデータ圧縮の技術を理解します。

　標本化→量子化→符号化の流れは基本です。多くの受験生が正しく暗記してくるでしょう。一方で，標本化周期や圧縮法など，理解が大切な部分は差がつきやすいので，ぜひここまで覚えましょう。

ここが問われる！ 身のまわりの情報デザインにも目を向けよう

　メディアリテラシーや情報デザインについては，特に日常生活と密接しているテーマです。ここで出てくる用語を覚えるだけでなく，それがどのようなシーンでみられるかまでチェックするようにしましょう。

SECTION 2は知識問題と計算問題がどちらも出題される可能性があります。UIやUXの知識を問われることもあれば、動画のデータ量の計算問題が出題される可能性も高いです。全体を通して「情報デザイン」という名前が付いているとおり、発信者から受信者に向けて、「情報を分かりやすく伝える工夫」について学んでいるのだという意識をもちましょう。

THEME

1 メディアの発達とコミュニケーション

ここで
きめる！

- 📖 それぞれのメディアの特性を正しく理解しよう。
- 📖 メディアリテラシーの意味を理解しよう。
- 📖 コミュニケーションが「発信者と受信者の人数」「直接・間接」「同期性」によって分類できることを覚えよう。

1

メディアの発達とコミュニケーション

1 メディアの分類

　情報を伝達するための媒体を**メディア**といいます。メディアは，情報を表現する**表現メディア**，空間の垣根を越えて情報を伝えられる**伝達メディア**，情報を記録し，**時間の垣根を越えて伝えられる記録メディア**に分類されます。

表現メディア	伝達メディア	記録メディア
こんにちは 文字　表	テレビ　電波	紙　DVD・BD
図　音楽	新聞　電線	USBメモリ　HDD (Hard Disc Drive)

　メディアのうち，USBメモリや無線ネットワーク装置などのように，**直接手で触れられるメディア**を**物理メディア**といいます。

　また，テレビや雑誌，書籍などのように**大量の情報を一方向に伝達するメディア**を**マスメディア**といいます。マスメディアは，**特定の発信者から不特定多数の受信者に対して情報伝達をおこないます**。そのため，政治や経済などで単純な情報伝達以上の力

をもってしまい，権力が1点に集中する**中央集権的**になってしまいます。

　さらに，近年は**インターネットを利用して誰もが情報発信できる**ようになりました。これを**ネットワークメディア**といいます。なお，インターネットや電話は**双方向に情報伝達するメディア**です。

2　メディアの発展と影響

　大昔の狩猟社会から現代の情報社会にかけて，メディアがどのように発展し，移り変わったのかを整理しましょう。

〈メディアの歴史〉

		15世紀	19世紀	20世紀前半	20世紀後半
言葉の発達	文字の発明	活版印刷の発明	電気通信技術の発達	大量送信の時代	双方向伝達の時代
口頭	筆記	印刷物	電信・電話	ラジオテレビ	インターネット電子メール

(1)　**口頭と筆記**

　人類の歴史の初期には，口頭で情報伝達されていました。このときは，限られた範囲内でしか情報が伝達されませんでした。**しかし筆記の出現により，情報は時間と空間を超えて伝達されるようになり，知識の蓄積と共有が可能になりました。**

(2) **印刷物**

　印刷物の時代には，情報は大量に複製され，広範囲に伝播されるようになり，教育や文化の普及に大きく寄与しました。また，**新聞や雑誌などのマスメディアが出現し，社会全体の意識形成に影響を与えるようになりました。**

(3) **電信，電話，ラジオ，テレビ**

　これらの登場により，情報は瞬時に遠くへ伝達されるようになり，**社会の連携性が高まりました。**また，映像や音声を用いた情報伝達により，情報の感覚的な理解が深まりました。

(4) **インターネットと電子メール**

　これらの発達によって情報はデジタル化され，**SNS**による**UGC(User Generated Content)**が生成できるようになったと同時に，**匿名性を利用したネットいじめや炎上などの問題も生じています。**

3　メディアリテラシー

　インターネットの登場によって**メディアリテラシー**を求められるようになりました。メディアリテラシーとは，メディアを適切に理解し，活用する能力を指します。これには，**メディアの信憑性や情報の信頼性を判断する能力**と，**プログラムや情報を適切に理解・使用する能力**が含まれます。

　メディアの信憑性と情報の信頼性は，その情報が正確で信頼できるかどうかを評価するための重要な要素です。例えば，**フェイクニュース**や**印象操作**を見抜くために**クロスチェック（相互確認）**をしたり，**二次情報**より**一次情報**を重視するということが挙げられます。

インターネットには多くの情報がある。
しかし誰でも自由に発信できるので、
①発信者の不注意によって誤った情報
②意図的に発信された偽りの情報
などが含まれる。
信憑性が保証されているわけではない。

不正アクセスによる書き換え、操作ミス、
プログラムの誤り、自然災害などにより、
情報が正しく伝達されない可能性がある。

情報の信頼性にも注意
を払う必要がある。

情報をそのまま鵜呑みにせず、
①客観的に捉える
②他の情報と比較する
ことなどで、真偽を見抜くことが重要。

 インターネットに載っている情報は全部正しいもの
だと思っていましたが，そうではないんですね。

 そうだよ。わざと間違った情報を流す「フェイク
ニュース」と呼ばれる記事も出てくるようになって，
情報を受け取る側の私たちが「その情報は本当に正
しいのかどうか」を見極める力が必要なんだ。

3 コミュニケーションの形態

　インターネットは，情報の伝達手段としての役割を果たすだけで
なく，人々がコミュニケーションを取るための場でもあります。様々
なツールやプラットフォームが存在し，それぞれが異なる形式のコ
ミュニケーションを可能にしています。このコミュニケーションは，
私たちが情報を伝達し，理解し合うための基本的な手段です。

❶ コミュニケーションの形態

(1) 発信者と受信者の人数による分類

コミュニケーションは発信者と受信者の人数により，4つの
パターンに分類されます。

1対1 （個別型）	1対多 （マスコミ型）	多対1 （逆マスコミ型）	多対多 （会議型）
個人的な情報を送受信し，共有する。秘密性の高いコミュニケーションが可能。	1人が発信者となり，複数の人が同じ情報を共有する。	複数の人が発信者となり，1人がその情報を受信する。	複数の人が対等な立場で情報を発信・受信し，共有する。

(2) 直接・間接による分類

コミュニケーションは，直接的なものと間接的なものに分け
られます。直接コミュニケーションでは，発信者と受信者が直
接，面と向かって対話します。間接コミュニケーションでは，
メディアを介して情報が伝達されます。

直接コミュニケーション	間接コミュニケーション

会話　　　プレゼンテーション	電話　　　電子メール
発信者と受信者が直接対面している。反応を見ながら発信できるが、時間や場所の制約がある。	発信者と受信者が離れている。時間や場所の制約がなくなる場合があるが、反応を直接見ることはできない。

（3）　**同期性による分類**

　コミュニケーションは，情報の送受信が同時に行われるかどうかにより，**同期型コミュニケーション**と**非同期型コミュニケーション**に分けられます。同期型コミュニケーションは，発信者と受信者が同時に情報をやりとりする形式で，例としては対面の会話やテレビ電話などになります。一方，非同期型コミュニケーションは，発信者と受信者が異なる時間で情報をやりとりする形式で，例としてはメールやSNSなどのように，送信者と受信者の情報のやり取りが時間をずらして行われるものが該当します。

同期型コミュニケーション

会話　　　　　　電話

発信と受信のタイミングが同じ。すぐ反応があるが，時間の制約がある。

非同期型コミュニケーション

電子メール　　　　SNS

発信と受信のタイミングが異なる。反応がいつ返ってくるかわからないが時間の制約がない。

2 インターネットのコミュニケーション

（1）　**電子メール**

　電子メールはインターネット上でメッセージを送受信するためのツールで，個別かつ非同期型コミュニケーションを可能にします。そのため，**双方が同時にオンラインである必要がありません**。一方で，セキュリティ対策が必要であり，**スパムメール**や**フィッシング詐欺**に注意が必要です。

(2) メッセージアプリ

メッセージアプリは**リアルタイムのコミュニケーションを可能にします**。テキストメッセージやビデオ通話，スタンプなど，様々な形式でのコミュニケーションが可能です。

(3) Q&Aサイト，ブログ，SNS

Q&Aサイトでは，特定のトピックについて質問を投稿し，誰でも回答を投稿することが可能です。ブログは，個々が自分自身の意見や考えを共有する場となります。SNSでは，テキスト，画像，動画などを投稿し，他のユーザーと共有することが可能です。また，リアクションやコメントを通じて，**他のユーザーとインタラクションを取ることも可能**です。

(4) 動画投稿サイト

ユーザーが自身の動画を投稿し，他のユーザーと共有できます。**多くの人々が協力して情報や知識を共有し合うことで，個々の知識の総和を超える洞察や解決策を生み出す概念**を集合知といいます。例えばWikipediaでは，**世界中のユーザーが協力して記事を作成**します。**消費者が作成したメディアである CGM**（Consumer Generated Media）や，**ユーザーが自ら制作したコンテンツである UGC**（User Generated Content）は，SNSの発展により飛躍的に数が増えています。

例題 次の空欄に当てはまる語句の組み合わせとして，最も適当なものを次のア〜エの中から選びなさい。

(1) メディアは表現メディア，伝達メディア，＿＿①＿＿に分けられる。

(2) メディアの特性を理解し，それぞれの特性に応じてメディアを適切に利用する能力を＿＿②＿＿という。

(3) コミュニケーションを同期性で分類すると，同期型コミュニケーションと非同期型コミュニケーションに分けられる。同期型コミュニケーションには＿＿③＿＿などがあり，非同期型コミュニケーションには＿＿④＿＿などがある。

ア ①記録メディア　②フェイクニュース
　　③手紙　　　　　④ビデオ通話

イ ①マスメディア　②メディアリテラシー
　　③電子メール　　④会話

ウ ①マスメディア　②フェイクニュース
　　③会話　　　　　④手紙

エ ①記録メディア　②メディアリテラシー
　　③ビデオ通話　　④電子メール

この問題文はメディアやコミュニケーションについての説明です。

(1) メディアは表現メディア，伝達メディア，記録メディアに分けられます。

(2) メディアの特性を理解し，それぞれの特性に応じてメディアを適切に利用する能力をメディアリテラシーといいます。

(3) 同期型コミュニケーションには会話やビデオ通話などがあり，非同期型コミュニケーションには手紙や電子メールなどがあります。

以上のことから， **答え　エ** です。

THEME

2 情報バリアフリーと情報デザイン

- 📖 情報バリアフリーの考え方を理解しよう。
- 📖 ユニバーサルデザイン，Web アクセシビリティ，ユーザビリティ，ユーザインタフェースのそれぞれの意味を理解し，混同しないように注意しよう。
- 📖 情報デザインの具体例（フォントや配色など）について，どのような工夫がされているのか知っておこう。

2

情報バリアフリーと情報デザイン

1 バリアフリーという考え方

　現代社会は，情報があふれています。情報の中には，人々の生活を便利にするための情報もありますが，それらが適切にデザインされていないと，その情報を利用することが難しくなります。

　情報バリアフリーとは，**情報を受信するための障壁を取り除く考え方**です。例えば，シャンプーのボトルにギザギザをつけることでリンスとの違いを伝えるデザインは，**ISO（国際標準化機構）**という世界共通の規格として統一されています。視覚や聴覚に障がいを持つ人々も利用できる音声読み上げソフト，振動呼び出し機，筆談具などもあります。それでは，情報バリアフリーの具体的な例を見ていきましょう。

〈情報バリアフリーの例〉

音声読み上げソフト
（スクリーンリーダー）

視覚障がい者でも、WEBサイトの記事を読むことができる。

筆談

聴覚障がい者でも、コミュニケーションを取ることができる。

❶ ユニバーサルデザイン

ユニバーサルデザインとは，**年齢や能力に関わらず，すべての人が情報を理解しやすいように設計する考え方**です。例えば，多機能トイレや自動ドアのような，「誰もが公平に使える」デザインになっているものがユニバーサルデザインです。また，**ピクトグラム**はその一例で，視覚的に情報を伝えるシンボルです。東京2020オリンピックでは，スポーツの種目を表すピクトグラムが活用されました。

〈ピクトグラムの例〉

非常口

レストラン

撮影禁止

鉄道/鉄道駅

② Webアクセシビリティとユーザビリティ

　Webアクセシビリティとは，**ウェブ上の情報が誰でも利用できること**を指します。例えば，画像などのテキスト以外の要素には**代替テキスト**をつけることが推奨されています。代替テキストを用いることで，画像が表示できない場合や視覚障がい者に対して，画像の情報を伝達することができます。

〈代替テキストの活用例〉

画像に代替テキストを付けると，
スクリーンリーダーで
読み上げることができる。

○○高校の校舎の写真

運動会で玉入れをする
生徒たちの写真

　ユーザビリティは**製品やサービスが使いやすいこと**を意味します。良いユーザビリティを持つ製品やサービスは，目的に対して効率的に使用することができ，また使い方を簡単に理解できます。

③ ユーザインタフェース

　ユーザインタフェースは，**人間とシステムとの間の相互作用を可能にするもの**で，情報デザインの重要な要素です。効果的なユーザインタフェースは，ユーザがシステムを容易に理解し，使いやすくすることを可能にします。**情報の視覚的な提示，操作の容易さ，エラーからの回復など，多くの要素がユーザインタフェースのデザインに影響を与えます。**

2　情報デザインとその工夫

　情報をわかりやすく相手に伝える工夫を情報デザインといいます。情報を**可視化**する**インフォグラフィックス**や，**構造化**するレイアウトの整理，**抽象化**するピクトグラムやアイコンが有名です。なお，抽象化は文字についても行われており，**テキストマイニング**や**機械学習**の研究領域でも注目されています。たとえば，Consumer Generated Media を**CGMと略すのも抽象化**です。

❶ フォントの工夫

　フォントは情報を伝えるための重要な要素であり，フォントの種類や大きさ，太さは情報の印象を大きく左右します。例えば，**明朝体は伝統的で堅実な印象を与える**のに対して，**ゴシック体はモダンでシンプルな印象を与えます**。また，ポップ体は楽しげでカジュアルな印象を与えます。

　大きさや太さも重要で，タイトルや小見出しのフォントは本文と比較して大きく太くすることで，視覚的に情報の階層を明確にし，読みやすさを向上させることができます。

　UDフォントは，**「ユニバーサルデザイン」の原則に基づいて作られたフォント**で，老若男女や視覚障がい者など，**可能な限り多くの人々にとって読みやすくなることを目指しています**。例えば，文字の形を工夫して，視覚的な誤認を減らす工夫がなされています。

非UDフォント	UDフォント
MS明朝 ばぱブプ123CG	BIZ UD明朝 ばぱブプ123CG
MSゴシック ばぱブプ123CG	BIZ UDゴシック ばぱブプ123CG

❷ 図解・表・グラフの使用

　情報を視覚的に伝えるためには，**図解・表・グラフ**の使用が非常に効果的です。これらの要素は情報を一目で理解できるようにするだけでなく，視覚的に読者の関心を引くことができます。

❸ 配色の工夫

　配色は情報デザインにおける重要な要素です。色の三要素である**明度**（明るさ），**彩度**（鮮やかさ），**色相**（色合い）は情報の見やすさと印象を大きく左右します。**色相環**を利用すると，**補色や類似色を見つけることができ**，バランスの良い配色を作ることができます。

　文字色と背景色の選択も重要で，コントラストが高いほど読みやすさは向上します。しかし，強すぎるコントラストは視覚的なストレスを与えることがあるので注意が必要です。

　また，色に頼らず情報を伝える**カラーバリアフリー（色覚バリアフリー）**に配慮した配色を選ぶことも大切です。色覚異常の人でも情報を正確に理解できるよう，次の三要素に注意しましょう。
・赤と緑は見えづらいので，青やオレンジを使う
・色数を増やさない
・コントラストを強くしすぎない

一般色覚者の見え方
寒色系　　　暖色系

色覚異常の人の見え方
寒色系　　　暖色系

また，**色の識別性**も重要です。色の識別性とは，色彩が持つ情報伝達機能のことで，**色を通じて特定の情報を正確に伝える能力**を指します。色彩を効果的に使用することで，情報の伝達を向上させ，使いやす

〈暖色系，寒色系の色相の違い〉

いデザインを実現することができます。例えば，暖かい飲み物は暖色系の赤，冷たい飲み物は寒色系の青を使うことによって，より明確に情報を伝えることができます。

❹ アフォーダンス（Affordance）とシグニファイア（Signifier）

アフォーダンスは，**ある物体がどのような行動を可能にするかを示す特性**で，**シグニファイア**は，**人の行動を正しく誘導するためのサイン**です。例えば，ごみ箱に穴が空いていることは，人に「ごみを捨てる」という行為を可能にします（**アフォーダンス**）。一方で，ごみ箱に丸い穴が空いていることは，人に「丸い形状のごみを捨てる」という行動を指示しています（**シグニファイア**）。

⑤ PDCA サイクルの適用

情報デザインは**PDCA（Plan-Do-Check-Action）サイクル**の適用が有効です。最初のデザイン案（Plan）を作成したら，それを実際に作成（Do）し，評価（Check）します。その結果をもとに改善点を見つけ，次の改善案（Act）を作成します。**このサイクルを繰り返すことで，情報デザインの質を徐々に向上させることができます。**

情報整理の思考法には，ブレインストーミング，KJ法，マインドマップ，LATCHが有名です。ブレインストーミングは**自由な発想**を促し，KJ法はアイデアを**グループ化して整理**します。マインドマップは**視覚的に情報を整理**し，LATCHは場所（Location），アルファベット（Alphabet），時間（Time），カテゴリ（Category），階層（Hierarchy）に基づいて情報を構造化します。

情報は，伝わりやすいように工夫することが大切なんですね。

そうだね。例えば，ある家具メーカーは，組み立ての説明書に文字による説明がなく，図を見るだけで組み立てられるようにしているんだ。こうすることで，例えば日本人でもアメリカ人でも同じ説明書で組み立てられるから，よい工夫といえるね。

次の空欄に当てはまる語句の組み合わせとして，最も適当なものを次のア～エの中から選びなさい。

(1) 年齢，性別，障がいの有無などを問わず，可能な限り多くの人々が利用しやすいデザインを____①____デザインといい，東京2020オリンピックでは，スポーツの種目を表す____②____が活用された。

(2) ウェブ上の情報が誰でも利用できることを____③____といい，例として画像には____④____を付けることが推奨されている。

ア ①バリアフリー ②ピクトグラム ③Webアクセシビリティ ④代替テキスト

イ ①ユニバーサル ②ダイヤグラム ③ユーザインタフェース ④タグ

ウ ①ユニバーサル ②ピクトグラム ③Webアクセシビリティ ④代替テキスト

エ ①バリアフリー ②ダイヤグラム ③ユーザインタフェース ④タグ

この問題文は情報デザインについての説明です。

(1) 可能な限り多くの人々が利用しやすいデザインを，ユニバーサルデザインといいます。東京2020オリンピックでは，スポーツの種目を表すピクトグラムが活用されました。

(2) ウェブ上の情報が誰でも利用できることをWebアクセシビリティといい，例として画像には代替テキストを付けることが推奨されています。

以上のことから，**答え ウ** です。

THEME

3 数値と文字のデジタル化

ここで
きめる！

- 📖 アナログとデジタルの違いを理解しよう。
- 📖 文字コードについて，その種類と役割を理解しよう。
- 📖 文字化けが起こる原因である機種依存文字について，その解決策を覚えておこう。

1 アナログとデジタル

　現代の情報科学において，**アナログ**と**デジタル**は重要な概念です。これらの違いを理解することは，データの処理や通信の理解に不可欠です。

　アナログデータは連続的な値を持つデータ形式で，自然界の音や光などが良い例です。一方，**デジタルデータは離散的な値を持つデータ形式**で，コンピュータによって扱われるデータはほぼ全てデジタルです。

　アナログデータはそのままではコンピュータで扱うことができず，デジタルデータに変換する必要があります。この変換により，ノイズの影響を受けにくくなり，データの圧縮や複製も容易になります。

　デジタルデータは，**2進法**で表現されます。2進法は0と1のみを用いる数値表現方法で，情報量の最小単位は**ビット（binary digit）**です。1バイトは8ビットで，文字や数値などの情報を表現するためによく使用されます。

2 数値と文字のデジタル化

1 数値のデジタル化

　コンピュータでは，すべての情報がデジタル形式，つまり**2進数**で表現されます。しかし，2進数は人間にとって読み書きが難しいため，**16進数**がよく使用されます。2進数から16進数への変換は，**2進数を4ビットずつグループ化し，それぞれのグループを対応する16進数の値に変換する**ことで行います。例えば，2進数の01010110$_{(2)}$を16進数に変換すると，56$_{(16)}$となります。このように，16進数は2進数の4桁を1桁で表せるため，情報をコンパクトに表現することができます。

2 文字のデジタル化

　文字のデジタル化は，**文字コード**を用いて行われます。文字コードは，**各文字を特定の数値に対応させる規則**です。この数値はその後，2進数データに変換されます。

　文字コードには，いくつかの種類があります。**制御コード**は，改行やタブなどの非表示文字を表します。日本では，**JISコード**，**シフトJISコード**，**EUC**などが使われてきました。しかし，これらの文字コードは互換性がないため，**Unicode**が普及しています。Unicodeは**全世界の文字を1つの文字コードに統一し，異なる言語間でも文字の互換性を保つことができます。**

3 機種依存文字と文字化け

① 機種依存文字とは

　機種依存文字は，**一部の特定の機種やOSでしか正しく表示できない文字**のことを指します。コンピュータ上で文字を表示する際，その文字がどのように表現されるかは，使っているコンピュータのOSや文字コード体系によります。

② 機種依存文字の問題と対策

　機種依存文字を使用すると，**文字化け**やシステムの誤作動を引き起こす可能性があります。例えば，ウェブサイトのフォームに機種依存文字を入力して送信すると，受け取ったサーバがその文字を正しく認識できず，エラーを引き起こすことがあります。
　この問題を回避するためには，**機種依存文字を避け，機種に依存しない文字を使用することが最善策**です。例えば，円記号（¥）やプラスマイナス（±）などの記号，ギリシャ文字，罫線などは，ほとんどの機種で正しく表示できます。

〈機種依存文字による文字化けの例〉

送信済みメッセージ
宛先:abc@defg.co.jp
cc:
件名:商品詳細の件について

○○様
いつもお世話になっております。以下の件、確認お願い致し
仕様書
部品
A　　10ミリ　　2キロ
B　　3セン　　7キロ
C　　8ミリ　　6キロ

受信メッセージ
hij@klmn.co.jp
宛先:abc@defg.co.jp
件名:商品詳細の件について

○○様
いつもお世話になっております。以下の件、確認お願い致し
仕様書
部品
A　　10□　　2□
B　　3□　　7□
C　　8□　　6□

例題 次の空欄に当てはまる語句の組み合わせとして，最も適当なものを次のア〜エの中から選びなさい。

(1)　コンピュータではすべての情報を2進数で表現するが，人間にとって読み書きが難しいため，＿＿①＿＿がよく使われる。

(2)　文字を特定の数値に対応させる規則として＿＿②＿＿がある。日本では，JISコードやEUCなどが使われてきたが，互換性がないため，Unicodeが普及している。

(3)　パソコンの種類や環境(OS)に依存する文字を＿＿③＿＿という。＿＿③＿＿を使うと，＿＿④＿＿を起こす可能性がある。

ア　①16進数　②制御コード　③外字　　　　　④リンク切れ
イ　①16進数　②文字コード　③機種依存文字　④文字化け
ウ　①8進数　②文字コード　③機種依存文字　④文字化け
エ　①8進数　②制御コード　③外字　　　　　④リンク切れ

この問題文は数値や文字のデジタル表現についての説明です。

(1)　2進数は人間にとって読み書きが難しいため，**16進数**がよく使われます。

(2)　文字を特定の数値に対応させる規則として**文字コード**があります。日本では，JISコードやEUCなどが使われていますが，互換性がないためUnicodeが普及しています。

(3)　パソコンの種類や環境（OS）に依存する文字を**機種依存文字**といいます。

(4)　機種依存文字を使うと，**文字化け**やシステムの誤作動を引き起こす可能性があります。

以上のことから，　答え **イ** です。

4 音声の表現

ここで きめる!

- 📖 音声をデジタルデータに変換する流れとして，標本化（サンプリング）→量子化→符号化のそれぞれで行われる内容を理解しよう。
- 📖 音質とデータ量はトレードオフの関係（両立できない関係）であることを知っておこう。

1 デジタルデータへの変換手順

　音声や音楽などの音をコンピュータで扱うためには，まずその音をデジタルデータに変換する必要があります。**この変換は一般的には標本化（サンプリング），量子化，符号化の3つのステップで行われます。**それぞれのステップについて詳しく見ていきましょう。

① 標本化（サンプリング）

　音声は，時間に対して連続的に変化するアナログ信号です。このアナログ信号をデジタルデータに変換するためには，まず**一定の時間間隔（標本化周期）でその値（標本点）を取る**必要があります。このプロセスを**標本化（またはサンプリング）**といいます。

　標本化の間隔（標本化周期）の逆数が**標本化周波数（サンプリング周波数）**で，通常は**Hz（ヘルツ）**という単位で表されます。例えば，CDの音声データは，1秒間に44,100回の標本化が行われています（サンプリング周波数44.1kHz）。

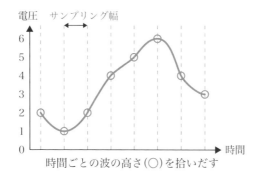

時間ごとの波の高さ(○)を拾いだす

② 量子化

　標本化された値をそのまま扱うと，データ量が非常に大きくなります。そこで，**それぞれの標本点を一定の範囲で表現すること**を**量子化**といいます。量子化ビット数が多いほど，音質は良くなりますが，データ量も大きくなります。例えば，0から7の8段階で表現する場合，量子化ビット数は3ビットとなります。

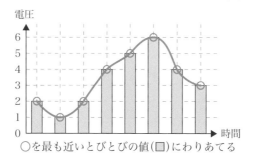

○を最も近いとびとびの値(■)にわりあてる

③ 符号化

　量子化した値をデジタル信号に変換する過程を**符号化**といいます。この際，一般的には**パルス符号変調（PCM）方式**が用いられます。PCM方式では，各標本値がそのままデジタル値（ビット列）に変換されます。

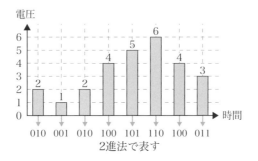

2進法で表す

④ 標本化定理

　これらの一連のプロセスを通じて，アナログの音声信号はデジタルデータに変換され，コンピュータで扱うことが可能になります。

　しかし，これらのプロセスには注意点があります。それは**標本化定理**です。標本化定理とは，「**元の音声信号を正確に再現するためには，標本化周波数が元の信号の最高周波数の2倍以上でなければならない**」という定理です。これを無視して標本化周波数を設定すると，元の音声信号を正確に再現できず，情報が失われる**エイリアシングノイズ**が発生します。

2　音質とデータ量の関係

　音質を高めるためには，標本化周波数を高く設定し，量子化ビット数を増やす必要があります。しかし，これらの設定を高くするとデータ量も大きくなります。言い換えると，**音質とデータ量はトレードオフの関係にあります。**つまり，音質を高めるとデータ量も大きくなり，逆にデータ量を抑えると音質が低下するという関係です。

　画像のデジタル化において，**高画素数**は画像の解像度を高めますが，データ容量が大きくなり，処理が重くなります。動画のデジタル化においても，**高フレームレート**は滑らかな動画を提供しますが，同様にデータ容量が増加します。

例題 次の空欄に当てはまる語句の組み合わせとして，最も適当なものを次のア〜エの中から選びなさい。

(1) 音声をデジタルデータに変換する際は，音声の波形を一定の間隔で切り取る＿＿①＿＿化，＿＿①＿＿化した値を一定の範囲で表現する＿＿②＿＿化，＿＿②＿＿化した値をデジタル信号に変換する＿＿③＿＿化を行う。

(2) デジタルデータとしての音声には，音質を高めるとデータ量も大きくなり，逆にデータ量を抑えると音質が低下するという＿＿④＿＿の関係がある。

ア ①標本 ②符号 ③量子 ④標本化定理
イ ①符号 ②量子 ③標本 ④標本化定理
ウ ①標本 ②量子 ③符号 ④トレードオフ
エ ①量子 ②符号 ③標本 ④トレードオフ

この問題文は音声のデジタルデータ変換についての説明です。

(1) 音声をデジタルデータに変換する際は，音声の波形を一定の間隔で切り取る標本化，標本化した値を一定の範囲で表現する量子化，量子化した値をデジタル信号に変換する符号化を行います。

(2) デジタルデータとしての音声には，音質を高めるとデータ量も大きくなり，逆にデータ量を抑えると音質が低下するというトレードオフの関係があります。

以上のことから， **答え ウ** です。

5 色や静止画・動画の表現

ここで
きめる！

📖 光の三原色で使われる色をそれぞれ覚え，光の三原色は混ぜ合わせると白くなる「加法混色」であることを理解しよう。

📖 色の三原色で使われる色をそれぞれ覚え，色の三原色は混ぜ合わせると黒くなる「減法混色」であることを理解しよう。

📖 画素（ピクセル）や解像度がそれぞれ何を表しているのかを覚えよう。

1 光の三原色と色の三原色

1 光の三原色

光の三原色とは，赤(R:Red)，緑(G:Green)，青(B:Blue)のことを指します。**これらの色を混ぜ合わせることで明るさが増え，やがて白になる**ことから，**加法混色**といいます。

光の三原色をそれぞれ異なる強度で混ぜ合わせることで，私たちが普段目にする多くの色を表現することができます。この原理は，テレビやコンピュータのディスプレイなど，**光を発生させて色を表示するデバイスで広く利用されています。**

2 色の三原色

印刷などで色を表現する際には，**色の三原色**が用いられます。これは**シアン（C:Cyan），マゼンタ（M:Magenta），イエロー（Y:Yellow）**の3色を指します。**これらの色を混ぜ合わせることで明るさが減り，やがて黒になる**ことから，**減法混色**といいます。

色の三原色の組み合わせによって得られる色は，光の三原色によって得られる色とは異なります。これは，光の色と色素の色が基本的

に異なる性質を持つためです。この理解は，**デジタルイメージを物理的な印刷物に変換する際などに重要となります。**

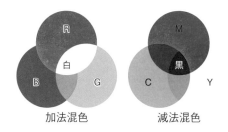

加法混色 　　　　　減法混色

2　静止画の表現

　デジタルメディアでは，静止画と動画が主要な表現形式となります。それぞれの特性や表現方法を理解することで，情報の視覚的な表現に深みを持たせることができます。

① 画像のデジタル化

　静止画を構成する基本的な要素は**画素（ピクセル）**であり，各画素は特定の色を持ちます。24ビットフルカラーでは，１つの画素が約1600万色を表現できます。静止画のデジタル化は，音のデジタル化と同様に，**標本化（サンプリング），量子化，符号化の3ステップ**で行われます。

⑴　**標本化（サンプリング）**
　もとのアナログ画像を画素に**分割**し，画素ごとに色の濃度を読み取ります。
⑵　**量子化**
　取り出した濃度を何段階かに分けた**数値に変換**します。
⑶　**符号化**
　量子化された数値を**2進法の数値に変換**します。

　画素（ピクセル） コンピュータ上の画像の最小単位	ピクセルを集めることで コンピュータ上で画像を表現

② 解像度と階調

　画像の**解像度**は，**画像の詳細度を決定します**。解像度が高いほど，詳細な表現が可能となります。また，**階調は画像の明るさのレベルを示し**，より多くの階調を持つ画像は，よりリアルな表現が可能となります。

＜画像の解像度の違い＞

 低い　　　　　　　　　　　　　　　　　　　　　　　　高い

解像度：10dpi	解像度：72dpi	解像度：350dpi

＜画像の階調の違い＞

RGB2 階調	RGB256 階調

❸ ラスタ形式とベクタ形式

静止画の形式には**ラスタ形式**と**ベクタ形式**があります。ラスタ形式は，画素のグリッドに色情報を持つ方式で，**ペイント系ソフトウェア**で作成されます。一方，ベクタ形式は，数学的な形状と色情報で画像を定義する方式で，**ドロー系ソフトウェア**で作成されます。

〈ラスタ形式とベクタ形式〉

【ラスタデータ】
・画像を色情報を持った点を使って表現したデータ
・ビットマップデータとも呼ばれる
・写真や自然画などを扱うのに適している
・点の集合で表現されているために，画像の拡大・縮小・変形などには適さない

【ベクタデータ】
・画像を点とそれを結ぶ線や面で計算処理して表現したデータ
・イラストや図面などを作成するのに適している
・表示するたびに，計算を行って画像を表現するため画像の拡大・縮小・変形したりしても，画質が維持される

3 動画の表現

動画は，一連の静止画（フレーム）を高速で表示することで，動きを表現します。これは人間の視覚が持つ「残像現象」を利用したもので，連続した画像を一定の速度で切り替えることで，静止画の連続が動きとして認識されます。

動画の品質は**フレームレート**によって大きく影響を受けます。フレームレートは，1秒あたりのフレーム数を指し，単位は**fps**（frames per second）です。フレームレートが高いほど，動きがスムーズに見えます。しかし，フレームレートが高いほど，その分だけデータ量も増えます。したがって，高品質な動画を作成する際には，画質とデータ量とのバランスを考慮する必要があります。

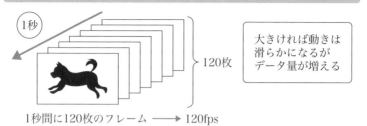

フレームレート＝
1秒間あたりのフレーム（静止画像）数

1秒

120枚

大きければ動きは
滑らかになるが
データ量が増える

1秒間に120枚のフレーム ⟶ 120fps

動画の作成には様々な技術が用いられます。例えば，CG（コンピュータグラフィックス）では，3Dモデリング，テクスチャリング，ライティング，アニメーションなどの技術が用いられます。これらの技術を駆使することで，現実には存在しない世界やキャラクターを生み出すことができます。

4 静止画と動画のデータ量

1 データ量の計算方法

静止画のデータ量は，1画素あたりのデータ量と画素数（画像の幅×高さ）の積で求められます。例えば，24ビットフルカラーの画像は，1画素あたり24ビット（3バイト）を必要とします。

静止画のデータ量 ＝ 1画素あたりのデータ量 × 画素数

問題

画素数が1024×768の24 [bit] のフルカラー画像のデータ量 [MB] を求めよ。

フルカラー画像の1画素のデータ量は24[bit]＝3[B]なので，

$$3 \times 1024 \times 768[B] = \frac{3 \times 1024 \times 768}{1024 \times 1024}[MB]$$

$$= 2.25[MB]$$

一方，**動画のデータ量は，1フレームのデータ量（静止画のデータ量）とフレームレート（1秒あたりのフレーム数）と時間数（秒）の積で求められます。**これにより，動画の長さと画質によるデータ量の変動を理解することができます。

動画のデータ量 ＝ 1フレームのデータ量 × フレームレート × 秒数

問題

1フレームのデータ量が2[MB]で，フレームレートが30[fps]の1分の動画のデータ量 [GB] を求めよ。（小数第1位まで）

動画の長さは1[分]＝60[秒]なので，

$$2[MB] \times 30[fps] \times 60[s] = \frac{2 \times 30 \times 60}{1024}[GB]$$

$$= 3.515\ldots[GB]$$

$$= 3.5[GB]$$

例題

次の空欄に当てはまる語句の組み合わせとして，最も適当なものを次のア〜エの中から選びなさい。

(1) 光の三原色は赤，緑，青の3色で，これらを重ねていくと明るさが増え，やがて白になることから，＿＿＿①＿＿＿と呼ぶ。

(2) 色の三原色はシアン，マゼンタ，イエローの3色で，これらを重ねていくと明るさが減り，やがて黒になることから，＿＿＿②＿＿＿と呼ぶ。

(3) 画像を構成する最小単位を画素（ピクセル）といい，画像の細かさ，滑らかさを表す数値を＿＿＿③＿＿＿という。

(4) 動画を構成する1枚1枚の画像をフレームといい，1秒当たりのフレーム数のことを＿＿＿④＿＿＿（単位はfps）という。

(5) 画素数が480×320の24［bit］のフルカラー画像のデータ量は，＿＿＿⑤＿＿＿［KB］である。

ア ①加法混色 ②減法混色 ③画素数 ④フレームレート
⑤450

イ ①加法混色 ②減法混色 ③解像度 ④フレームレート
⑤450

ウ ①減法混色 ②加法混色 ③解像度 ④ベクタデータ
⑤720

エ ①減法混色 ②加法混色 ③画素数 ④ラスタデータ
⑤720

この問題文は色や静止画・動画のデジタルデータについての説明です。

(1) 光の三原色は赤，緑，青の3色で，これらを重ねていくと明るさが増え，やがて白になることから，加法混色といいます。

(2) 色の三原色はシアン，マゼンタ，イエローの3色で，これらを重ねていくと明るさが減り，やがて黒になることから，減法混色といいます。

(3) 画像を構成する最小単位を画素（ピクセル）といい，画像の細かさ，滑らかさを表す数値を解像度といいます。

(4) 動画を構成する1枚1枚の画像をフレームといい，1秒当たりのフレーム数のことをフレームレート（単位はfps）といいます。ベクタデータ・ラスタデータは，静止画のデータ形式のことです。

(5) 静止画のデータ量は，次の式で計算できます。

静止画のデータ量 ＝ 1画素あたりのデータ量 × 画素数

今回はフルカラー画像なので，1画素あたりのデータ量は24[bit]＝3[B]です。よって，静止画のデータ量は，

$$3 \times 480 \times 320[B] = 3 \times 480 \times \frac{320}{1024}[KB]$$
$$= 450 \ [KB]$$

となります。

以上のことから， 答え **イ** です。

6 データの圧縮

データを圧縮する2つの方法である，ランレングス法とハフマン法のそれぞれのやり方と特徴を知っておこう。

1 圧縮率と可逆圧縮

1 圧縮率

　データの圧縮はストレージの節約やデータ転送速度の向上に役立ちますが，その効率は**圧縮率**で評価されます。圧縮率は，圧縮後のデータ量を圧縮前のデータ量で割った値で求められます。その値が小さいほど，つまり**圧縮後のデータ量が小さいほど圧縮の効率が良い**と言えます。

　しかし，圧縮にはトレードオフの関係があります。一般的に，圧縮率が高いほど画質の劣化が生じやすく，また，圧縮・解凍に時間がかかることがあります。したがって，画質や処理時間とのバランスを考慮しながら最適な圧縮率を選択することが重要です。

$$圧縮率＝\frac{圧縮後の容量}{圧縮前の容量}×100$$

100MBを70MBにした時の圧縮率は？と聞かれたら

$$70＝\frac{70MB}{100MB}×100$$

② 可逆圧縮と非可逆圧縮

圧縮には**可逆圧縮**と**非可逆圧縮**の2種類があります。可逆圧縮は，**圧縮後も元のデータを完全に復元できる**圧縮形式です。一方，非可逆圧縮は，圧縮後のデータから元のデータを完全には復元できませんが，より高い圧縮率を達成できます。

2 ランレングス法

① ランレングス法の仕組み

ランレングス法は，そのシンプルさと効率性から様々な場面で使われています。例えば，「AAAAABBBBB」というデータ列を考えてみましょう。これをランレングス法で圧縮すると，「A5B5」になります。この「A5」は，Aが5回連続することを示し，以降も同様です。数字だけで表現するという方法で，さらに圧縮することもできます。「AAAAABBBBB」というデータ列を「55」と表現するのです。この場合，あらかじめ「**先にAの個数を数字で表現し、そのあとBの個数を数字で表現する**」というルールを決めておく必要があります。

ランレングス法は，画像ファイルの圧縮にも威力を発揮します。同じ色で塗りつぶされた領域や，多くの余白を持つ画像では，ランレングス法を用いることで圧縮率が飛躍的に高まります。これは，FAXや白黒印刷の送受信データなどでも利用されています。

② ランレングス法を使った画像ファイルの圧縮

ランレングス法が特に有効なのは，同じデータが連続する場合です。例えば，白黒印刷のような場合です。画像のある部分が真っ黒な一色で塗られていたり，大きな白い余白があったりするなら，**これらの部分は同じピクセル値の連続として扱われる**ためランレングス法は有効です。そして，

〈ランレングス法（可逆圧縮）〉

圧縮後のデータは小さくなるため，圧縮率は小さくなります。ランレングス法は「データの値×連続数」として表現するため，**失われる情報が無い可逆圧縮**となります。

③ ランレングス法の注意点

データ内で頻繁に値が変化する場合，ランレングス法はそれほど効果的ではありません。例えば，**フルカラーの画像や音楽データなどは，その性質上，連続して同じ値が出現することが少なく，ランレングス法での圧縮はあまり効果的ではない**のです。このような場合，ハフマン符号化が適用されることがあります。

> **問題**
>
> 次の文字列データについて，ランレングス圧縮によって圧縮し，圧縮後の文章を答えよ。
>
> AAAABBBBBBAAAAABBB

ランレングス圧縮は，連続する文字を，数字をつかって置き換える方法です。今回の文字列「AAAABBBBBBAAAAABBB」は，Aが4回，Bが6回，Aが5回，Bが3回という順番で続いています。よって，これをランレングス圧縮して表すと「A4B6A5B3」となります。

3　データの圧縮⑵ — ハフマン法

1 ハフマン法の仕組み

　ハフマン法は，**出現頻度の高いデータに「0」のような短いビット列を割り当てて，出現頻度の低いデータには「110」のような長いビット列を割り当てる圧縮法**です。たとえば「banana」という文字列を圧縮しようとしたとき，aは3回も出現している一方，bは1回しか出現していません。ここで，a を「0」と表現して，b を「110」と表現して，n を「10」と表現すれば，0 と1の合計の符号の数(ビット数)を減らすことができます。

② ハフマン木

　ハフマン法の考え方を，さらに詳しく説明します。「banana」は「b」「a」「n」の3つの文字から成り，「a」が最も頻繁に出現します。文字の出現頻度の高い順に並び替えると，a：3回，n：2回，b：1回となります。次に，以下のように**ハフマン木**と呼ばれる図を作成します。出現頻度の低い2つの要素を繋いで，最終的に1つの大きな木を作るイメージです。木の頂点から，右下に進むと1，左下に進むと0というルールを作り，符号を割り振ると，以下の通りになります。

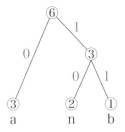

割り当てられた符号

b：110　a：0　n：10

③ 圧縮後の符号列と圧縮率

　圧縮後の「banana」のビット列は「1100100100」となり，**10ビット**です。これは，ハフマン法で圧縮後のbananaは10ビットで表現できるということです。

　一方で，ハフマン法を用いずに「banana」という文字列を0と1だけの符号で表現した場合を考えます。bとaとnという3種類の文字がありますから，b: 00，a: 01，n: 10のように2ビットずつ必要になります。そのため，「banana」のビット列は「000110011001」となり，**12ビット**必要です。つまり，ハフマン法を用いることで**圧縮率は約83%**となります。

④ 音声・静止画・動画データの圧縮

画像や動画や音楽のファイルは圧縮されることが多く、複数の形式が存在します。ここでは、共通テスト対策として重要なものを紹介します。

形式名	拡張子	特徴
JPG	.jpeg .jpg	デジタルカメラで広く使用される。色情報の解像度を減らすことによってファイルサイズを削減する**ダウンサンプリング**という手法を用いることがある。損失が生じるため**非可逆圧縮**。
PNG	.png	透過性を保持でき，256色の画像に適している。各画素の値を前の画素や前の行の画素の値との差分で表現する。損失が生じず，画質が保たれる。**可逆圧縮**。
SVG	.svg	拡大・縮小しても画質が変わらない**ベクタ形式**。Webグラフィックに最適で，損失が生じない**可逆圧縮**。
WAVE	.wav	サンプリング・量子化・符号化を経る**PCM**で変換。高品質な音声ファイル形式で，原音に近い音質を保持。**非圧縮**のため，ファイルサイズが大きい。量子化により誤差は存在するが，量子化ビット数を上げることで人間の知覚を超える。
MP3	.mp3	音楽ファイルで広く使用され，人間の耳に聞こえない高音の削除により効率的に圧縮。ファイルサイズを大幅に削減。**非可逆圧縮**。
MOV	.mov	Apple社が開発した動画形式。**非可逆圧縮**。
MP4	.mp4	動画や音声に加えて字幕や静止画も扱える，広く普及している動画ファイル形式。**非可逆圧縮**。

次の空欄に当てはまる語句の組み合わせとして，最も適当なものを次のア～エの中から選びなさい。

(1)　圧縮には，元のデータを完全に復元できる可逆圧縮と，完全には復元できないがより高い圧縮率を達成できる＿＿＿①＿＿＿がある。

(2)　デジタルデータは0と1のみを用いる2進法で表現され，情報量の最小単位はビット。1バイトは＿＿②＿＿ビットになる。

(3)　連続する同一の値の列を，長さを示す数字に置き換えることでデータを圧縮する方法を＿＿＿③＿＿＿法という。

ア　①非可逆圧縮　②16　③ハフマン法
イ　①高圧縮　　　②16　③ランレングス法
ウ　①高圧縮　　　②8　③ハフマン法
エ　①非可逆圧縮　②8　③ランレングス法

(1)　圧縮には，元のデータを完全に復元できる可逆圧縮と，完全には復元できないがより高い圧縮率を達成できる**非可逆圧縮**があります。

(2)　デジタルデータは0と1のみを用いる2進法で表現され，情報量の最小単位はビットです。1バイトは**8ビット**になります。

(3)　連続する同一の値の列を，長さを示す数字に置き換えることでデータを圧縮する方法を**ランレングス法**といいます。ハフマン法は，データの出現頻度に基づいて変動長ビットエンコーディングを行ってデータを圧縮します。

以上のことから，　答え　**エ**　です。

SECTION

コンピュータと
プログラミング

3

SECTION 3では，**コンピュータの構成**や**処理の仕組み**と，**プログラミング**に関する基礎から応用までを学びます。コンピュータがどのようにデータを処理するかをきちんと把握しておくことが重要となります。

 コンピュータの構成と処理の仕組みを知っておこう

コンピュータの構成要素には似たような名前のものがいくつか出てきます。まずはそれらを分別して覚え，その後，コンピュータがどのようにデータを処理し，タスクを実行するかの仕組みを理解するようにしましょう。

また，さまざまな**論理回路**が登場します。それぞれの回路がどのような入出力をするものかを間違えないようにしておきましょう。

【論理回路の一例】

①論理積(AND)回路　　②論理和(OR)回路　　③否定(NOT)回路

 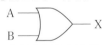 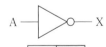

入力		出力
A	B	X
0	0	0
0	1	0
1	0	0
1	1	1

入力		出力
A	B	X
0	0	0
0	1	1
1	0	1
1	1	1

入力	出力
A	X
0	1
1	0

プログラミングは最重要単元

　情報 I の目玉の単元ともいえるプログラミングについては，まず
は**アルゴリズムの概念**から理解するようにしましょう。アルゴリ
ズムがわかったら，それを実装するためのプログラミングの基本を
学びます。**変数の考え方**や**分岐**，**繰り返し**について，共通テスト
用プログラム表記とあわせて知識を定着させ，穴埋め問題まで解け
るようになっておきましょう。

【分岐のプログラム例】

(1)　もし kekka >= 90 ならば：

(2)　│　表示する（"合格です"）

(3)　そうでなければ：

(4)　└　表示する（"再テストです"）

【繰り返しのプログラム例】

(1)　hensu = 5

(2)　x を 1 から 5 まで 1 ずつ増やしながら繰り返す：

(3)　└　hensu = hensu + x

プログラミング問題は，日常生活に根ざした出題が
想定されます。例えば「自動掃除機のプログラムを
作るには？」「あみだくじを作るプログラムは？」など，
日常生活の問題を解決するために，コンピュータに
どうやって命令すればいいか？という視点で物事を
考えると，試験本番の出題に対応しやすくなるでしょう。

ここで
きめる！

- コンピュータを構成している要素を覚え，それぞれのかかわり方と動作の流れを理解しよう。
- CPUの役割と構成要素を覚え，CPUの動作の流れを把握しよう。
- 基本論理回路の仕組みをそれぞれ判別できるようにし，それらを組み合わせた半加算器と全加算器の役割についても理解しよう。

1 ハードウェアとソフトウェア

　コンピュータは**ハードウェア**と**ソフトウェア**との間で情報をやり取りします。ハードウェアはコンピュータの物理的な構成要素であり，**プロセッサ，メモリ，HDD や SSD，タッチパネルなどの入出力に関わる装置が含まれます**。

❶ ソフトウェア

　ソフトウェアは，おもに**基本ソフトウェア**と**応用ソフトウェア**の二つに分けられます。

(1) **基本ソフトウェア**

　これはコンピュータの基本的な機能を制御するソフトウェアで，**オペレーティングシステム（OS）**やドライバが含まれます。OS は**ハードウェアをまとめて管理し，アプリケーションソフトウェア（アプリケーションプログラム）との仲介をします**。ドライバは**特定のハードウェアデバイスをコントロールする**ためのソフトウェアです。

(2) **応用ソフトウェア**

　これはユーザが特定のタスクを遂行するために使用するソフトウェアで，**アプリケーションソフトウェア**ともいいます。例えば，**ワードプロセッサやスプレッドシート，メールクライアントなど**がここに含まれます。

❷ インタフェース

　ハードウェアとソフトウェアは**バス**という**データ通路**を介して連携し，情報を迅速に交換します。また，USBポートやHDMI接続のような，**コンピュータの物理的な部品が互いに接続する方法**を**インタフェース（ハードウェアインタフェース）**といいます。**GUI**（Graphical User Interface）は，ソフトウェアのインタフェースの1つで，ユーザがアイコンなどの**視覚的な要素を操作**してコンピュータを制御することができます。

(1) **USBインタフェース**

　パソコンやスマートフォンなどと**周辺機器を接続**するためのインタフェースで，データ転送だけでなく電源供給も可能です。

(2) **イーサネット**

　おもに**有線でのネットワーク接続に使用**されます。**ハブ**や**ルータ**などのネットワーク機器を経由して，複数のデバイスを接続することができます。

(3) **IEEE802.11（Wi-Fi）**

　無線LAN の規格で，パソコンやスマートフォンなどを**無線で**ネットワークに接続します。

(4) **HDMI**

　音声と高解像度の映像を同時に転送することができるデジタルインタフェースです。テレビやプロジェクタへの接続によく使われます。

Bluetooth

短距離の無線通信を可能にする技術で，イヤホンやキーボード，マウスなどの周辺機器とパソコンやスマートフォンなどとの接続に使われます。

2 コンピュータの五大装置

コンピュータは大きく分けて，**入力装置**，**記憶装置**，**演算装置**，**出力装置**，**制御装置**の５つの装置から成り立っています。

(1) **入力装置**

キーボードやマウス，スキャナ，タッチパネルなど，入力する装置です。**ユーザの指示をデジタル信号に変換**し，コンピュータが理解できる形式で提供します。

(2) **記憶装置**

主記憶装置（メインメモリ）と補助記憶装置（ストレージ）に分けられます。**主記憶は一時的なデータ保持に使われ，補助記憶は長期的なデータ保存に利用される**ことが多いです。

主記憶装置には **RAM**（Random Access Memory）や **ROM**（Read Only Memory）があります。RAM は**電源が切れるとデータが消失する揮発性のメモリ**で，コンピュータがアクティブに使用するデータやプログラムを一時的に保持します。電源がオフになると，RAM に保存されている情報も失われます。一方，ROM は**電源が切れてもデータが消失しない不揮発性のメモリ**です。ROM はシステムの基本的な起動指示を保存するために使用することがあります。

補助記憶装置には **HDD** や **SSD** などがあり，HDD は**磁気ディスクを使用してデータを記録**し，SSD は**電子回路（フラッシュメモリ）を使用してデータを保存**します。

(3) **演算装置**

すべての**演算処理の中心**となる**レジスタ**が存在し，プログラムの命令に従ってデータを処理します。

(4) **出力装置**

モニタ，プリンタ，スピーカーなどが含まれます。コンピュータが**処理した結果をユーザに伝える装置**です。

(5) **制御装置**

他のコンピュータの部品（入力装置，出力装置，記憶装置，演算装置）の動作を調整します。**演算装置と記憶装置の間のデータの流れも制御します**。また，制御装置と演算装置を合わせて**CPU**（Central Processing Unit／**中央処理装置**）といいます。

3　コンピュータの動作

コンピュータの基本的な動作は，次のような流れで行われます。

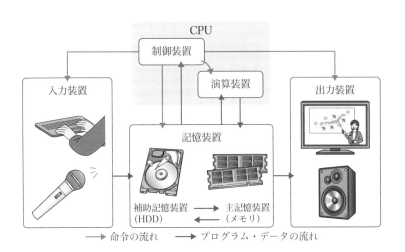

(1) ユーザが入力装置を通じてデータやプログラムを入力します。**入力されたデータやプログラムは主記憶装置に一時的に保管され，その後，補助記憶装置に長期的に保存されます。**

(2) **制御装置が主記憶装置からデータやプログラムを取り出し，**何をどのように処理するかを決定します。**制御装置は演算装置に指示を出し，**演算装置はその指示に従ってデータを処理します。

(3) 処理されたデータは再び主記憶装置に保管され，出力が必要な場合は出力装置を通じて出力されます。つまり，制御装置はプログラムの命令に基づいて，**主記憶装置とレジスタとの間でデータを転送する指示を出し，計算を進めさせる**のです。

4 CPUの動作

CPUは，コンピュータの「脳」ともいわれます。主記憶装置に保存された命令やデータを取り出し，解読，演算，結果を保存する一連の流れを繰り返すことで，コンピュータの処理の核心を担っています。CPU内部に存在する**レジスタ**という高速な記憶装置は，**少量のデータを一時的に保存するために使用されます。**また，コンピュータ内部の大量のデータが保存されている場所は，住所の番地のように数字で記録されていて，**アドレス**と呼ばれています。レジスタの速度は，主記憶装置よりもはるかに速く，**CPUの効率と性能を大きく左右します。**

1 CPUの構成要素

CPUは，次のような主要な部分から構成されています。

(1) **プログラムカウンタ**
   主記憶装置の**どのアドレスの命令を次に取り出すかを指定**します。

(2) **レジスタ（命令レジスタ）**
   主記憶装置から取り出した**命令を一時的に保存**します。

(3) **命令解読器**
   命令を解読して各部を制御します。

(4) **レジスタ（データレジスタ）**
   データを一時的に保存します。

(5) **演算装置**
   加算などの**算術演算やその他の演算を行います。**

   これらの要素が連携して，CPUは連続した命令を迅速に実行します。

② CPUの動作

例えば，「102番目のデータを取り出し，104番目のデータと足し算して，105番目のアドレスに入れましょう」という命令におけるCPUの動作は，次のような手順で行われます。

(1) **データの読み取り**
   プログラムカウンタが指定する主記憶装置のアドレスから**命令を取り出します。**この取り出した命令は**命令レジスタに一時的に保存**されます。（例：主記憶装置の102番アドレスからデータを取り出して，命令レジスタに保存）

(2) **さらなるデータの読み取り**
   他のデータを読み取る必要があれば，主記憶装置のアドレスから命令を取り出します。（例：主記憶装置の104番アドレスから別のデータを取り出して，命令レジスタに保存）

(3) **命令の解読**

命令解読器は**命令レジスタに保存された命令を解読**します。

(4) **データの演算**

解読された命令に従って，演算装置が**必要な演算を行います**。このとき，必要なデータはデータレジスタから取り出されます。（例：取り出した102番のデータと104番のデータを足し算する）

(5) **結果の保存**

演算の結果は再びデータレジスタに保存され，必要に応じて主記憶装置に書き戻されます。（例：計算した結果を105番アドレスに保存）

CPUの内部にある**小型で高速な記憶装置のレジスタ**は，計算中のデータやアドレスを一時的に保持することで，高速な処理が可能になります。**主記憶装置に目的のデータがあるかどうか**が，**計算速度**に影響を与えます。

③ 計算の処理速度

コンピュータの動作のタイミングを揃える信号を**クロック信号**といい，**1秒間に行うクロック信号の回数**を**クロック周波数**といいます。クロック周波数は，**CPU内部で行われるすべての動作のタイミングを揃える役割**をもっています。コンピュータの動作速度はクロック周波数に大きく影響を受けており，クロック周波数が高いほど，CPUは1秒間により多くの処理を実行できます。

例えば，クロック周波数が3GHzのCPUは，1秒間に30億回のクロック周期を実行でき，その各周期で1つ以上の命令を処理することができます。コンピュータの処理能力を高くする方法の1つとして，**電子回路の構成要素である**トランジスタの小型化があります。同じ面積により多くのトランジスタを配置できるため，高度な計算を可能にするCPUの製造が可能になります。

ただし，**物理的な限界**や**熱問題**など，技術的な課題も伴います。**IC チップ**（**集積回路**）上には数百万，場合によっては数十億のトランジスタが含まれており，これらが非常に小さな面積に密集して配置されているため，高熱になってしまうことがあります。この問題を解決するために，**CPU チップ上に複数の処理コアをもつ技術**である**マルチコアプロセッサ**が一般的になりました。**処理を分散**させることで，1 つあたりのクロック周波数を高く設定しなくてもよくなりました。

コンピュータの中にはいろいろな装置があるんですね。

CPU は，コンピュータの頭脳と言っていい部分だね。この性能が高いほど，処理が高速になるんだ。それから，主記憶装置は机の広さのようなもので，これが大きければ大きいほど作業を同時に行うことができるよ。

5 キャッシュメモリの計算

コンピュータの処理速度を上げるためには，計算のもととなるデータを効率よく取り出す必要があります。共通テストでは，次のような教科書に書かれていないテーマの出題が考えられます。

問題

メインメモリ（主記憶）とキャッシュメモリ（キャッシュ）が両方搭載されているコンピュータにおいて，CPU からメモリへの 1 回のアクセスにかかる平均時間を実効アクセス時間（Effective Access Time; EAT）とよび，CPU の処理の対象となるデータがキャッシュメモリに入っている確率をヒット率，入っていないことをキャッシュミスといいます。

あるコンピュータでは，キャッシュメモリのヒット率が95％で，ヒット時のアクセス時間は2ナノ秒です。キャッシュミスが発生した場合のメインメモリのアクセス時間は10ナノ秒です。

・ヒット率 $h=0.95$
・ヒット時のアクセス時間 $t_{hit}=2$ナノ秒
・ミス率 $m=1-h=0.05$
・ミス時のアクセス時間 $t_{miss}=10$ナノ秒

　実効アクセス時間は，キャッシュのヒット率とミス率，ヒット時とミス時のアクセス時間を用いて次の式で求められます。

$$EAT = h \times t_{hit} + m \times t_{miss}$$

このとき，実効アクセス時間を計算しなさい。

　上記のような教科書に書かれていないテーマの出題で，事前に知識として知らなくても，**読解することで解ける**ようになっています。今回は，以下のような位置関係が示されています。

CPU → キャッシュメモリ → メインメモリ

　CPUは95％の確率で目的のデータをキャッシュメモリ内に発見でき，5％の確率でメインメモリまで取りに行く必要があります。「平均」の時間を求めればよいので，

EAT = 0.95 × 2 ＋ 0.05 × 10 ＝ 2.4ナノ秒

となります。

コンピュータの複雑な処理は，基本的な演算の組み合わせで実現されます。**論理回路**は，真または偽にもとづいて1つの真偽値を出力するデジタル回路です。**論理積（AND）回路，論理和（OR）回路，否定（NOT）回路**の基本論理回路のほか，**否定論理積（NAND）回路，排他的論理和（XOR）回路**などの論理回路があります。**NAND回路はAND回路にNOT回路が加わった動作をします。**

❶ 論理回路

(1) **論理積（AND）回路**：すべての入力が真であるときのみ，出力が真になります。
(2) **論理和（OR）回路**：少なくとも一つの入力が真であれば，出力が真になります。
(3) **否定（NOT）回路**：入力の真偽値を反転します。

これらの基本論理回路は**MIL論理記号**（図記号）という図で表したり，**真理値表**を用いて表すことができます。

①論理積(AND)回路　　②論理和(OR)回路　　③否定(NOT)回路

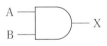

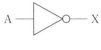

入力		出力
A	B	X
0	0	0
0	1	0
1	0	0
1	1	1

入力		出力
A	B	X
0	0	0
0	1	1
1	0	1
1	1	1

入力	出力
A	X
0	1
1	0

② 半加算回路と全加算回路

半加算回路と**全加算回路**は，これらの基本論理回路を用いて二進数の加算を行います。半加算回路は2ビットの加算を行い，出力として和と繰り上がりを生成します。しかし，繰り上がりの入力を考慮しないため，2ビット以上の加算には適していません。

一方，全加算回路は半加算回路よりも複雑で，2ビットの加算に加えて繰り上がりの入力も考慮します。これにより，全加算回路は8ビットや16ビットなどの大きな数の計算が可能になります。

〈半加算回路〉

〈全加算回路〉

7　万能論理回路

　NAND回路は「**万能論理回路**」として知られており，**これ1つだけでAND，OR，NOT，XOR などのすべての基本的な論理回路を構築することが可能**です。NAND回路は，AND回路の出力をNOT回路に入力したものです。

① NAND回路によるNOT回路の作成

　NAND回路の出力を利用してNOT回路を作成することができます。NAND回路には**2つの入力AとB**があり，その出力をNAND(A, B)と表現します。NAND回路は AND回路の出力にNOT回路を通したものなので，以下の**真理値表**が得られます。

<NAND回路の真理値表>

入力		出力
A	B	X
0	0	1
0	1	1
1	0	1
1	1	0

　NAND回路の2つの入力をどちらも1にすると出力は0になります。また，**NAND回路の2つの入力をどちらも0にすると出力は1**になります。NANDゲートの両方の入力に同じ信号を入れることで，**入力と出力が反転**し，**NOT回路**を実現できるのです。つまり，AとAを入力にすると，NAND(A, A) ＝ NOT(A) となります。このようにして，**NAND回路を使ってNOT回路を表現**できます。

NAND回路を基本単位として使用することで，**設計を簡素化**し，コンピュータの**製造コストを削減**し，**高速な動作**を可能にさせ，**故障解析**を容易にします。

続いて，AND回路とOR回路を**NAND回路を用いて表現**する方法を考えてみましょう。

② NAND回路によるAND回路の作成

NAND回路の出力をNOT回路に通すことで，AND回路を作成できます。

③ NAND回路によるOR回路の作成

入力A，入力BをNOT回路で反転させた後，その出力をNAND回路に通すことで，ORゲートを形成します。

 次の空欄に当てはまる語句の組み合わせとして，最も適当なものを次のア～エの中から選びなさい。

(1) コンピュータには大きく分けて5つの装置があり，このうち，計算処理などを行う装置を＿＿＿①＿＿＿装置という。

(2) コンピュータの中で，「0」と「1」の2つの信号で演算を行う回路を＿＿＿②＿＿＿という。＿＿＿②＿＿＿のうち，少なくとも1つの入力が真であれば出力が真になるものを＿＿＿③＿＿＿回路という。

(3) ハードウェアやソフトウェアが互いに通信を行うためのインタフェースには，ヘッドホンやキーボードなど短距離の無線通信に使われる＿＿＿④＿＿＿などがある。

ア	①主記憶	②論理回路	③論理積	④Wi-Fi
イ	①演算	②論理回路	③論理和	④Bluetooth
ウ	①演算	②集積回路	③論理積	④Wi-Fi
エ	①出力	②集積回路	③論理和	④Bluetooth

この問題文はコンピュータの構成や動作についての説明です。

(1) 計算処理などを行う装置を**演算装置**といいます。

(2) コンピュータの中で，「0」と「1」の2つの信号で演算を行う回路を**論理回路**といいます。論理回路には，すべての入力が真になるときのみ出力が真になる**論理積（AND）回路**，少なくとも1つの入力が真であれば出力が真になる**論理和（OR）回路**，入力の真偽値を反転する**否定（NOT）回路**があります。

(3) ヘッドホンやキーボードなど短距離の無線通信に使われるのは**Bluetooth**です。**Wi-Fi**は無線LANのための標準インタフェースで，パソコンやスマートフォンなどを無線でネットワークに接続するときに利用します。

以上のことから， 答え **イ** です。

ここで
きめる!

📖 2進数の加算と減算の方法を理解しよう。

📖 補数という考え方を理解し，補数を使った計算方法を知っておこう。

📖 コンピュータ上の計算で出てくる誤差の種類を学び，それぞれがどのような形で出てくるのかを学ぼう。

1 2進数の加算と減算

① 2進数の加算と減算

　コンピュータ内部では，情報が数値として扱われます。その数値は，私たちが一般的に使用する10進数ではなく，2進数で表現されます。その2進数の計算方法を学びます。

　まずは，4ビットの2進数の加算と減算から見ていきましょう。2進数の加算では，**1+1の結果を2として，繰り上がりを行います。**一方，2進数の減算では，**0から1を引く必要がある場合，上の桁から借りる**ことになります。

(1)　**例：$1001_{(2)}+0101_{(2)}$の計算**

$$
\begin{array}{r}
\overset{1}{1}001 \\
+0101 \\
\hline
1110
\end{array}
$$

1桁目：	1+1=0で2桁目に1を繰り上げる
2桁目：	1+0+0=1
3桁目：	0+1=1
4桁目：	1+0=1

答え　$1110_{(2)}$

⑵例：1100₍₂₎－0101₍₂₎の計算

$$\begin{array}{r} 0 \!\!\nearrow^{\!2}_{\,0} \!\!\rightarrow \!\! ^{1}_{\,\!\!\cancel{2}} \!\!\rightarrow \!\! ^{1}_{\,2} \\ \cancel{1}\,\cancel{1}\,0\,0 \\ -\ 0\,1\,0\,1 \\ \hline 0\,1\,1\,1 \end{array}$$

1桁目：2桁目から繰り下がり2－1＝1
2桁目：3桁目から繰り下がり1－0＝1
3桁目：4桁目から繰り下がり2－1＝1
4桁目：0－0＝0

答え　0111₍₂₎

② 負の数の表現

　コンピュータ内部では，負の数は特殊な方法で表現されます。それが**補数**の利用です。補数とは，**ある自然数に対して，足すと1桁増える最小の数**のことです。2進数の補数を求める方法は，すべてのビットを反転させ（1を0に，0を1に）その後，1桁目に1を加えるという手順を踏みます。このとき，**桁上がり（繰り上がり）は無視する**ので注意が必要です。

⑴　**0101₍₂₎の補数の求め方①**

　10000₍₂₎から0101₍₂₎を引く

$$\begin{array}{r} 1\,0\,0\,0\,0 \\ -\ \ 0\,1\,0\,1 \\ \hline 1\,0\,1\,1 \end{array}$$　　**答え　1011₍₂₎**

⑵　**0101₍₂₎の補数の求め方②**

$$0101 \longrightarrow 1010 \longrightarrow 1011$$
①0と1を反転　　②1を足す

答え　1011₍₂₎

❸ 補数を用いた減算のしくみ

コンピュータ内部での減算は，実は補数を用いた加算によって行われます。これにより，減算の回路を用意する必要がなく，演算回路が簡単になります。つまり，**コンピュータ内部では加算の操作だけで減算が行われる**のです。

POINT **コンピュータ内部の数値演算**
補数を使えば，「減算」を「加算」で行うことができる。

(1) 例：$0111_{(2)} - 0100_{(2)}$ をふつうに計算

```
  0 1 1 1
- 0 1 0 0
  0 0 1 1        答え　0011(2)
```

(2) 例：$0111_{(2)} - 0100_{(2)}$ を補数を使って計算

$0100_{(2)}$ の補数は $1100_{(2)}$ なので

```
  0 1 1 1
+ 1 1 0 0
1 0 0 1 1        答え　0011(2)
```
桁上がりは無視

2　コンピュータ内で実数を表現する方法

　コンピュータ内部で実数を表現する方法の一つが**浮動小数点数**です。**浮動小数点数は，符号部，仮数部，指数部の3部分から構成されます**。例えば，32ビットの浮動小数点数では，1ビット符号部，8ビット指数部，23ビット仮数部の構成が一般的です。これにより，10進数の2.5や2進数の10.1などを表現することが可能となります。

〈コンピュータ内部での小数点の扱い・32ビットの場合〉

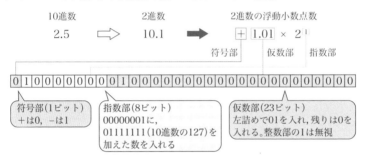

3　コンピュータでの計算と誤差

　コンピュータでの計算には，誤差が生じることがあります。そのひとつが**丸め誤差**です。これは，**計算結果が表現可能な最も近い数値に「丸められる」**ことで生じます。もうひとつは**桁落ち誤差**で，**2つの近い数値の差を取るときや，有効数字が失われる計算のとき**に生じます。

　例えば，0.10001と0.1の差を計算するとき，本来は0.00001が答えになるはずですが，コンピュータでは数値の精度が限られているため，この差が正確に表現できないことがあります。この結果，実際の計算結果と理論的な計算結果との間に誤差が生じ，それが桁落ち誤差となります。

① 丸め誤差

表現できる桁数を超えてしまったために，**最小桁より小さい部分について四捨五入や切り捨て，切り上げなどを行うことで生じる誤差**

② 桁落ち誤差

絶対値がほぼ等しい数値同士の差を求めたときに，**有効な桁数が大きく減ることによって生じる誤差**

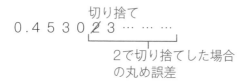

切り捨て

$0.4530\underset{\smile}{2}3 \cdots \cdots \cdots$

2で切り捨てした場合
の丸め誤差

例：0.555×10^7と0.554×10^7の差を求める

$$
\begin{array}{r}
0.555 \times 10^7 \\
-)\ 0.554 \times 10^7 \\
\hline
0.001 \times 10^7
\end{array}
$$

有効桁数
3桁

正規化 →

0.1×10^5

有効桁数
1桁

桁数を揃える

0.100×10^5

信用できない桁（桁落ち）

コンピュータでも，すべての計算結果を誤差なく行うことは難しいのですね。

コンピュータの内部では，数値は有限のビット数で表現されるからね。浮動小数点数の場合，IEEE 754規格に基づく32ビット単精度浮動小数点数では，32ビットと決まっているよ。数値を扱う場合，用意されたビット数を超えた部分は，オーバーフローやアンダーフローが発生するんだ。

例題 次の空欄に当てはまる語句の組み合わせとして，最も適当なものを次のア～エの中から選びなさい。

(1)　コンピュータ内部では＿＿＿①＿＿＿という考え方で負の数を表現する。

(2)　2進数の＿＿＿①＿＿＿を求めるには，すべてのビットを反転させた後，＿＿②＿＿を加える。

(3)　実数の表現方法には，小数点の位置が移動する＿＿＿③＿＿＿がある。

(4)　コンピュータでの計算では，誤差が生じることがある。このうち，表現可能な桁数を超えてしまったため，最小桁より小さい部分を四捨五入や切り上げ，切り捨てすることで生じる誤差を＿＿＿④＿＿＿誤差という。

ア　①補数　②1　③浮動小数点数　④丸め
イ　①素数　②2　③浮動小数点数　④丸め
ウ　①素数　②1　③不動小数点数　④桁落ち
エ　①補数　②2　③不動小数点数　④桁落ち

この問題文はコンピュータ内部での計算方法についての説明です。

(1)　コンピュータ内部では**補数**という考え方で負の数を表現します。

(2)　2進数の補数を求めるには，すべてのビットを反転させた後に**1**を加えます。

(3)　実数の表現方法には，小数点の位置が移動する**浮動小数点数**があります。

(4)　コンピュータでの計算誤差のうち，表現可能な桁数を超えてしまい，最小桁より小さい部分を四捨五入などすることで生じる誤差を**丸め誤差**といいます。このほかに，**桁落ち誤差**もあります。

以上のことから，　**答え　ア**　です。

THEME

3 プログラミング

📖 プログラミングにおける変数の意味を理解しよう。
📖 共通テスト用プログラム表記を覚えよう
📖 分岐と条件繰り返しの構造を理解しよう。

1 プログラミングとは

　プログラミングは，**コンピュータに対する命令**です。「aを表示してください。」のように，**人間がコンピュータに向けて「命令」するために入力する文章**のことを，**プログラミング言語**といいます。

1 変数と値

　変数はデータを保存するための箱のようなもので，**値はその箱に入れる具体的なデータ**です。例えば，立体の体積を求める計算は

　　　（たて a）× （よこ b）× （高さ c）

と表されますよね。この a，b，c が変数になります。変数はあくまでも「箱」なので，中身の数字を取り替えることができ，**繰り返し使用できます**。

2 代入

　変数の箱に具体的な値を入れることを代入といいます。
　「a＝4」と書かれていたら，これは「**左に書いてある a という箱の中に，右に書いてある4という数字を入れる**」という意味です。

プログラミングにおける「=」は数学における「同じ」とは異なる意味をもち，**代入演算子**とよばれ，向きがあるのです。

③ 比較演算子と分岐構造

「a≧30」という表現は，共通テスト用プログラム表記では「a>=30」と表記します。同様に，他の演算子の表現を以下に整理します。

演算子	意味	具体例	説明
>=	以上	a >= 30	aの値が30以上なら真
<=	以下	a <= 30	aの値が30以下なら真
==	等しい	a == 30	aの値が30と等しければ真
!=	等しくない	a != 30	aの値が30と等しくなければ真

この比較演算子を用いると，**条件分岐**を作りやすくなります。

```
(1)  もし kekka >= 90 ならば：
(2)  │ 表示する（"合格です"）
(3)  そうでなければ：
(4)  │ 表示する（"再テストです"）
```

④ 条件繰り返し文

特定の条件が満たされる間，一連の命令を**繰り返し**実行します。

```
(1)  hensu = 5
(2)  x を 1 から 5 まで 1 ずつ増やしながら繰り返す：
(3)  │ hensu = hensu + x
```

③分岐や④条件繰り返しは，共通テストでもよく登場します。

2 プログラミングの問題例

予想問題にチャレンジ

次の文章を読み，空欄 $\boxed{1}\ \boxed{2}$・$\boxed{3}\ \boxed{4}\ \boxed{5}$ にあてはまる数字をマークせよ。また，空欄 $\boxed{6}$ ～ $\boxed{9}$ に入れるのに最も適当なものを，下の解答群のうちから一つずつ選べ。ただし，同じものを繰り返し選んでもよい。

高等学校の数学教員であるAさんは，期末試験を実施した。集計作業を簡単化するため，試験の点数の平均値と分散をコンピュータで計算する手続きを作成することにした。ここで，生徒の人数がn人，試験の点数が$x_0,\ x_1,\ \cdots,\ x_{n-1}$であるとき，平均値$x$と分散$s^2$は

$$x = \frac{1}{n}(x_0 + x_1 + \cdots + x_{n-1})$$

$$s^2 = \frac{1}{n}\left\{(x_0-x)^2 + (x_1-x)^2 + \cdots + (x_{n-1}-x)^2\right\}$$

である。例えば，生徒5人の試験の点数が50, 60, 70, 70, 100であったとき，平均値は $\boxed{1}\ \boxed{2}$，分散は $\boxed{3}\ \boxed{4}\ \boxed{5}$ となる。

できた手続きを図1に示す。図1の手続きでは生徒全員の人数を格納した変数ninzu，生徒の識別番号（0 ～ ninzu−1）を添字として生徒の試験の点数が格納された配列Tokutenが与えられるものとする。さらに，変数heikinには平均値を，bunsanには分散を，それぞれ計算して格納する。

124

(1)　s = 0

(2)　i を 0 から ninzu−1 まで 1 ずつ増やしながら繰り返す：

(3)　└s = ［　6　］

(4)　heikin = ［　7　］

(5)　表示する（"平均:" , heikin）

(6)　s = 0

(7)　i を 0 から ninzu−1 まで 1 ずつ増やしながら繰り返す：

(8)　└s = ［　8　］

(9)　bunsan = ［　9　］

(10)　表示する（"分散:" , bunsan）

図 1 ：平均値と分散を計算する手続き

［　6　］ 〜 ［　9　］ の解答群

⓪ s　　　　　① Tokuten[i]　　　② s / ninzu

③ ninzu / s　④ s + Tokuten[i]　⑤ Tokuten[i] * Tokuten[i]

⑥ s + (Tokuten[i] − heikin)

⑦ s + (Tokuten[i] − heikin) * 2

⑧ (Tokuten[i] − heikin) * (Tokuten[i] − heikin)

⑨ s + (Tokuten[i] − heikin) * (Tokuten[i] − heikin)

プログラミングのポイントは以下の3つです。

　最初に，生徒5人の試験の点数から平均値と分散を求めていきます。こちらはコンピュータで処理するのではなく，自分で手計算をすることになります。

　まず平均値は，**5人の試験の点数をすべて足して人数の5で割る**ことで求められます。したがって

$$(50+60+70+70+100) \div 5 = 70$$

となり，| 1 2 | は **答え ▶ 70** となります。

　次に分散は，**5人の試験の点数と平均値（70点）の差を2乗したものをすべて足し，人数の5で割る**ことで求められます。
したがって

$$\left\{(50-70)^2+(60-70)^2+(70-70)^2+(70-70)^2+(100-70)^2\right\} \div 5$$
$$= 280$$

となり，| 3 4 5 | は **答え ▶ 280** となります。

　このように，具体的に自分で計算をすることで，**「何がやりたいのか」**というのが**整理**できて，次からの問題を考えやすくなります。「何がやりたいのか」を整理すると次のようになります。

●平均値を求めるために
Step1　生徒の点数をすべて足す
Step2　Step1の答えを生徒の人数で割る

●分散を求めるために
Step1　生徒の点数と平均点の差の2乗したものをすべて足す
Step2　Step1の答えを生徒の人数で割る

これらを達成するために，「**コンピュータが得意なこと**」をどのように利用すれば良いかを考えましょう。これを考えるにあたって，以下の「**3大処理**」について理解しておきましょう。

POINT **プログラムの3大処理**

逐次処理：上から下へ順番に処理が行われる
条件分岐：ある条件により行う処理を変える
繰り返し：条件が成り立つ間，処理を繰り返す

平均値と分散を求めるとき，一人ひとりの点数や平均との差の2乗を次々と足していくため，**Step1では繰り返しが使えそう**です。また，**Step1→Step2へと逐次処理を行う**ことも必要です。
これらを踏まえた上で「具体的なプログラム」を見ていきましょう。

図1の手続きは以下のように分けることができます。
❶ 1行目 ～ 3行目：平均値を求めるためのStep1
❷ 4行目 ～ 5行目：平均値を求めるためのStep2
❸ 6行目 ～ 8行目：分散を求めるためのStep1
❹ 9行目 ～ 10行目：分散を求めるためのStep2

　ここでは平均値を求めるための Step1，すなわち生徒の点数を全部足すということを**繰り返し**によって行なっています。

　変数sは点数の合計を表しており，初期値は0です。

　配列 Tokuten には ninzu 分の生徒の点数が入っており，
Tokuten[i]で i番目の点数を取り出せます。

　例えば，生徒 5人の試験の点数が 50，60，70，70，100であったとき

　Tokuten = [50, 60, 70, 70, 100]

となっていて，Tokuten[0]で「50」を取り出すことができます。
配列の番号は0から始まることに注意しましょう。

　iを0からninzu−1まで1つずつ増やすことで Tokuten[i]ですべての生徒の点数を1つずつ取り出すことができます。取り出したTokuten[i]を合計値のsに足せばよいので，| 6 | には s ＋ Tokuten[i] が入り，| 6 | は **答え ④** となります。

　このときにどのような処理がコンピュータで行われるのかを具体的に書くと

```
    s = 0
  i が 0 のとき
    s = 0 + Tokuten[0]
  i が 1 のとき
    s = 0 + Tokuten[0] + Tokuten[1]
  i が 2 のとき
    s = 0 + Tokuten[0] + Tokuten[1] + Tokuten[2] ……
  i が ninzu−1 のとき
    s = 0 + Tokuten[0] + Tokuten[1] + Tokuten[2] …… +
        Tokuten[ninzu−1]
```

となり，sには全員の試験の点数が代入されることになります。

② 4行目 〜 5行目

　ここでは平均値を求めるためのStep2，すなわちStep1で求めたsをninzuで割ることを行なっています。したがって，　7　にには s / ninzu が入り，　7　は **答え ②** となります。

③ 6行目 〜 8行目

　ここでは分散を求めるためのStep1，すなわち生徒の点数と**平均値との差の2乗を全部足す**ということを繰り返しによって行なっています。

　ここでの**sは点数と平均値の差の2乗の合計を表しており**，初期値は0です。

　①のときと同様にTokuten[i]で一人ひとりの生徒の点数を取り出し，平均との差の2乗を計算してsに足せばよいので，　8　には s ＋ (Tokuten[i] － heikin) * (Tokuten[i] － heikin) が入り，　8　は **答え ⑨** となります。

④ 9行目 〜 10行目

　ここでは分散を求めるためのStep2，すなわちStep1で求めたsを**ninzuで割る**ことを行なっています。したがって，　9　には s / ninzu が入り，　9　は **答え ②** となります。

予想問題にチャレンジ

次の文章を読み，空欄 $\boxed{10}$ ～ $\boxed{13}$ に入れるのに最も適当なものを，下の解答群のうちから一つずつ選べ。ただし，同じものを繰り返し選んでもよい。

Aさんは同僚である英語教員Bさん，国語教員Cさんの依頼により，数学，英語，国語試験それぞれの点数の平均値，分散を一括して計算する手続きを作成することにした。図1の手続きを改良し，できた手続きを図2に示す。数学，英語，国語，それぞれの教科の識別番号を0, 1, 2としたとき，表1に図2で使われる主な配列変数を示す。図2では教科の識別番号と生徒の識別番号（0 ～ ninzu - 1）を添字とした生徒の点数が格納された2次元配列Tokutenが与えられるものとする。

表1 手続きで使用される配列変数

配列変数	説明
Tokuten[i , j]	教科 i における生徒 j の点数
heikin[i]	教科 i の平均値
bunsan[i]	教科 i の分散

$\boxed{10}$ ～ $\boxed{13}$ の解答群

⓪ s[i]　　　　① Tokuten[i , j]　② Tokuten[j , i]

③ s[i] / ninzu　④ ninzu / s[i]　　⑤ s[i]+Tokuten[i , j]

⑥ s[j] + Tokuten[i , j]

⑦ s[j] + Tokuten[j , i]

⑧ s[i] + (Tokuten[i , j] − heikin[i]) * (Tokuten[i , j]−heikin[i])

⑨ s[j] + (Tokuten[i , j] − heikin[i]) * (Tokuten[i , j]−heikin[i])

⑴　i を 0 から 2 まで 1 ずつ増やしながら繰り返す：

⑵　s[i] = 0

⑶　i を 0 から 2 まで 1 ずつ増やしながら繰り返す：

⑷　j を 0 から ninzu−1 まで 1 ずつ増やしながら繰り返す：

⑸　s[i] = ☐10

⑹　i を 0 から 2 まで 1 ずつ増やしながら繰り返す：

⑺　heikin[i] = ☐11

⑻　表示する（"教科"，i，"の平均："，heikin[i]）

⑼　i を 0 から 2 まで 1 ずつ増やしながら繰り返す：

⑽　s[i] = 0

⑾　i を 0 から 2 まで 1 ずつ増やしながら繰り返す：

⑿　j を 0 から ninzu−1 まで 1 ずつ増やしながら繰り返す：

⒀　s[i] = ☐12

⒁　i を 0 から 2 まで 1 ずつ増やしながら繰り返す：

⒂　bunsan[i] = ☐13

⒃　表示する（"教科"，i，"の分散："，bunsan[i]）

図2　数学・英語・国語の平均値と分散を計算する手続き

　先ほどの問題では，数学の点数だけの平均値と分散を求めたのに対して，今回の問題では数学，英語，国語の平均値と分散を求めることになります。そのためにはTokutenを「**二次元配列**」にする必要があります。

　二次元配列とは中に配列が入っている配列のことです。今回の問題では，Tokutenの中に全生徒の数学の点数の配列，英語の点数の配列，国語の点数の配列という3つの配列が入っています。

Tokutenの例

Tokuten
= [[50, 60, 70, 70, 100], [80, 40, 60, 100, 90], [100, 50, 75, 40, 70]]
　　　数学の点数　　　　　英語の点数　　　　　国語の点数

このとき，**Tokuten[i, j]でi番目の配列のj番目の要素を取り出す**ことができます。上記の例だと，Tokuten[0,4]で0番目の配列(数学の点数)の4番目の要素を取り出すので「100」が取り出されることになります。**配列の番号は0から始まることに注意**しましょう。

二次元配列を理解したところで，具体的なプログラムをみていきましょう。
　i=0,1,2のそれぞれにおいて，先ほどの図1と同様の処理を行えば良いです。そのために「iを0から2まで1ずつ増やしながら」繰り返し処理を行っていきます。

❶ 1行目 〜 2行目

　sは各教科の合計点が入っている配列で，2行目までの処理で初期値を [0,0,0] としています。

❷ 3行目 〜 5行目

　3行目から5行目まででsを計算していきます。先ほどの問題と同様に考えればよいですが，Tokutenから要素を取り出す方法がTokuten[i]からTokuten[i，j]に変わっていますので，　10　には s[i] + Tokuten[i，j] が入り，　10　は **答え ⑤** となります。

③ 6行目 〜 8行目

6行目から8行目では，s [i] を ninzu で割ればよいので， 11 には s [i] / ninzu が入り， 11 は 答え ③ となります。

④ 9行目 〜 10行目

9行目からは分散を求めています。今度のsは各教科の点数と平均値の**差の2乗**の合計の配列を表しており，1行目から3行目までと同様の処理を行うことでsの初期値を [0,0,0] としています。

⑤ 11行目 〜 13行目

11行目から13行目まででsを計算していきます。先ほどの問題と同様に考えればよいですが，Tokuten から要素を取り出す方法が Tokuten [i] から Tokuten [i, j] に変わっていますので， 12 には s [i] + (Tokuten [i, j] – heikin [i]) * (Tokuten [i, j] – heikin [i]) が入り， 12 は 答え ⑧ となります。

⑥ 14行目 〜 16行目

14行目から16行目ではs [i] を ninzu で割ればよいので， 13 には s [i] / ninzu が入り， 13 は 答え ③ となります。

	説明
代入	「＝」で表す。 　rei ＝ 3
文字列	文字列で表記したいところを「" "」で囲む。 変数とつなげたいときは「＋」でつなげる。 　rei ＝ " Aさんは" ＋ a ＋ " 点です" →　Aさんはa点です
配列	配列の要素の数は []で表示する。また，先頭文字は大文字。 配列の要素を指定する添字は0からはじまる。 　Hairetsu[5]，Tensu[2,4]
加算	「＋」で表す。 　rei ＝ i ＋ 3
減算	「－」で表す。 　rei ＝ i － 3
乗算	「*」で表す。 　rei ＝ i * 3
除算	「/」で表す。また，商（整数）を「÷」で，余りを「％」で表す。 　rei ＝ i / 3，rei ＝ i ÷ 3，rei ＝ i ％ 3
べき乗	「**」で表す。 　rei ＝ i**3
等しい	「＝＝」で表す。 　rei ＝＝ 3
等しくない	「!＝」で表す。 　rei != 3
以上	「＞＝」で表す。 　rei >= 3
以下	「＜＝」で表す。 　rei <= 3
条件分岐	もしrei ＜ ＝3ならば： ｜ rei ＝ rei ＋ 1 そうでなければ： └ rei ＝ rei － 1
繰り返し	xを0から5まで1ずつ増やしながら繰り返す： ｜ rei ＝ rei ＋ x └ x ＝ x ＋ 1
コメント	「#」で表す。 　rei ＝ 6　　#reiに6を代入する

SECTION

ネットワークと
情報セキュリティ

THEME

SECTION

4

ネットワークと情報セキュリティ

SECTION4で学ぶこと

　SECTION 4では，情報通信ネットワークの基礎とデータ活用技術について学びます。通信プロトコル，ネットワークの種類，データベースの使用方法，データ分析技術など，データを効果的に活用するための知識が網羅されています。

ここが問われる！ ネットワークの構成と機器を知っておこう

　ネットワーク関連は覚えるべき知識がたくさんあるテーマになります。普段使っているネットワークがどのように構成されているのか，どういった機器が使われているのかを間違えないように丁寧に覚えるようにしましょう。

ここが問われる！ データの転送速度の計算はできるようにしよう

　「ダウンロードに時間がかかるな」のようなことは普段の生活で経験することがあるでしょう。この時間やダウンロードの速度を計算するのが転送速度の式になります。日常生活と関連させやすいことから共通テストでも問われやすいので，きちんと計算できるようにしておきましょう。

ここが問われる！ データベースと暗号化は整理して覚える

　データベースや暗号化はいくつかの種類があるため，混同して覚えてしまうことが多い内容となっています。暗号化であれば「共通鍵暗号方式」「公開鍵暗号方式」「セッション鍵方式」の利点と欠点をしっかりと分別して覚えるようにしましょう。

　また，この内容は情報セキュリティといわれる内容であるため，テストでも問われやすい内容となっています。情報セキュリティ技術について普段から意識しておくと，ここで登場する知識の定着がスムーズになります。

情報通信ネットワークとデータの活用は，現代社会における情報の流れとその利用方法を理解するために不可欠です。各要点をしっかりと把握し，情報社会における効果的な情報活用法を身につけましょう！

THEME

1 ネットワークの構成

ここで
きめる!

📖 コンピュータの2つの通信方式である，「回線交換方式」
と「パケット交換方式」のそれぞれの特徴を理解し，どの
場面で使われているかを知ろう。

📖 LAN と WAN の違いを理解し，ネットワークがどのよう
な装置を使って構築されているのかを確認しよう。

📖 プロトコルの役割を把握し，プロトコルの階層ごとの役割
を覚えよう。

1

ネットワークの構成

1 ネットワークの基本

❶ 通信方式

コンピュータの通信は「**回線交換方式**」または「**パケット交換
方式**」で行われます。

(1) **回線交換方式**：固定電話のように，2つのデバイス間で**専用
の通信路**を確保して通信する方式。

(2) **パケット交換方式**：データを**パケット**という単位に分割し
て送信し，それが**目的地で組み立てられる**方式。

❷ LAN と WAN

(1) **LAN**（**Local Area Network**）：特定の場所，例えば一つ
のオフィスや家庭内など，**比較的小さなエリアの中で使用**さ
れるネットワークです。**有線LAN**と**無線LAN**があり，公衆
無線LANの代表例には**Wi-Fi**があります。

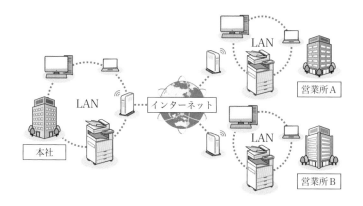

(2) **WAN（Wide Area Network）：LANとLAN同士（離れた拠点同士）を繋ぐ広範囲にわたる大きなネットワーク**で，**広域ネットワーク**ともいいます。インターネットは最も大きなWANの一例です。また，ルータからインターネットまでの接続を仲介するのは**ISP**（Internet Service Provider：**プロバイダ**）です。

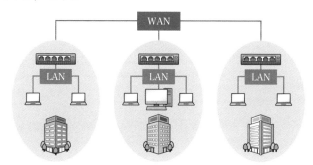

❸ クライアントサーバシステム

クライアントサーバシステムとは，コンピュータを**サーバ**と**クライアント**に分け，役割分担をして運用する仕組みのことです。**メールの送受信機能を提供するメールサーバ**や，**通信の仲介を行うことでセキュリティを向上させたり再アクセスの速度を向上させるプロキシサーバ**などがあります。

2 ネットワークの機器

　パソコンやプリンタやスマートフォンを通信ケーブルや無線電波で接続した**情報通信ネットワーク**は，次のような装置が関係します。

(1)　**ルータ**：異なるネットワーク同士を接続し，データパケットを**適切な目的地へと転送**する装置。
(2)　**ハブ（集線装置の一種）**：接続されたすべてのデバイスに同じデータを送信する。
(3)　**スイッチ**：接続されたデバイスの中から特定のデバイスにだけデータを送信する。
(4)　**アクセスポイント**：無線LANの信号を発信し，デバイスとネットワークを接続する装置。

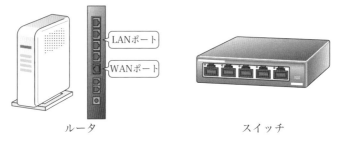

LANポート
WANポート

ルータ　　　　　　　　　　　　　　スイッチ

3 プロトコルの役割

　私たちが日常でコミュニケーションをとるとき，言語の文法や**約束ごと**に基づいて話します。コンピュータ間のコミュニケーションも，そのような**「約束ごと（ルール）」が必要**です。それが**プロトコル**という**通信規約**です。プロトコルは，言語の文法のように，データをどのように交換するかの「約束ごと」を決めているのです。

人のコミュニケーション		コンピュータの通信
言葉	4層：アプリケーション層 （何を）	HTTPS
100文字くらい	3層：トランスポート層 （どのくらい）	2byteのデータ量
○○さん	2層：インターネット層 （誰に）	IPアドレス [172.64.13.○○]
直接会って	1層：ネットワークインタフェース層 （どのような方法で）	無線LAN

❶ プロトコルの階層化

通信を効率的に行うために，プロトコルは階層化されています。階層ごとにプロトコルが定められており，それにより変更や修正の利便性が保たれています。

(1) **TCP**（**Transmission Control Protocol**）：正確性を保証し，パケットを順番通りに並べ，誤りを訂正します。ヘッダという部分で誤り検出や順番の情報を持っています。

(2) **IP**（**Internet Protocol**）：パケットの送受信を行い，**IPアドレス**を使用して**ルーティング（経路選択）**を行います。

❷ プロトコルの階層

(1) **アプリケーション層**：ユーザーインターフェースや**アプリケーションサービスを提供**します。**HTTP, SMTP, POP, FTP, FTPS**などのプロトコルがあります。

(2) **トランスポート層**：データの**送受信を管理**します。**TCP**などのプロトコルが存在します。

(3) **インターネット層**：パケットの**ルーティング**や送受信に関わります。**IP**などのプロトコルがこの層で動作します。

(4) **ネットワークインタフェース層**：**物理的な**ネットワークと接続します。**イーサネット**などのプロトコルが含まれます。

〈階層化で示した通信例（Web ブラウザで Web ページを見るとき）〉

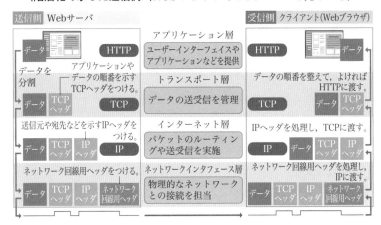

❸ ルーティングの役割

　ルータは，パケットヘッダに書かれたIPアドレス情報を元に，**パケットが目的地に到達するための最適な経路を選択するルーティング**を行う装置です。ルータが経路を選択する際に使用する**ルーティングテーブル**には，**パケットを送信する先のルータのIPアドレス（送信先の住所）が記されています**。また，ルータ同士は情報を交換し，**ルーティングテーブルを更新**します。こうすることで，経路のルータが壊れたときも障害を検出して**経路を最適化**することでルーティングを実現しているのです。なお，この約束事を**ルーティングプロトコル**と呼ぶことがあります。

〈ルーティングのイメージ〉

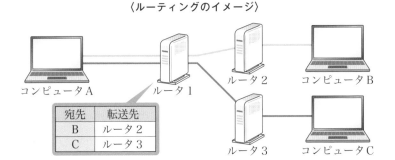

次の空欄に当てはまる語句の組み合わせとして，最も適当なものを次のア～エの中から選びなさい。

　プロトコルは，コンピュータ間の通信を規定する一連のルールで，データの送受信，エラーの検出と修正，パケットの順序の制御などそれぞれが特定の機能を担当しています。例えばアプリケーション層で使用されるプロトコルとしては＿＿＿①＿＿＿があり，トランスポート層では＿＿②＿＿が使用され，信頼性の高いデータ伝送を可能にします。また，インターネット層で主に使用されるプロトコルとしては＿＿③＿＿があります。

ア　① IP　　　② UDP　　③ POP
イ　① HTTP　　② IP　　　③ UDP
ウ　① HTTP　　② TCP　　③ IP
エ　① SMTP　　② POP　　③ IP

　この問題文は，コンピュータ間の通信（プロトコル）に関する文章です。

①のアプリケーション層で使用されるプロトコルには，**HTTP**，SMTP，POPなどがあります。
②のトランスポート層で使用されるプロトコルには，**TCP**，UDPなどがあります。
③のインターネット層で使用されるプロトコルには，**IP**などがあります。

以上の内容からそれぞれの層として適切なプロトコルを記述しているものを選ぶと 答え **ウ** となります。

THEME

2 | IPアドレス・ドメイン名

📖 IPアドレスとドメイン名とは何かを確認しよう。また、それぞれがどのような形で使われているのかを知ろう。
📖 DNSサーバの役割を知ろう。

1 IPアドレス

通信の世界で、コンピュータやデバイスを特定するための「住所」のようなものが**IPアドレス**です。現在おもに使われているのは**IPv4**です。「192.168.1.18」のように、ドットを境に4つのブロックに分けられます。各ブロックは2進数だと8ビットずつで表されるので、4ブロック合計で32ビットの数字で表されます。

```
      192    .   168   .    1    .    18
2進数 11000000 . 10101000 . 00000001 . 00010010
```

8ビットは2^8により256通りで表せます。なので、それぞれのブロックは0から255までの数字を取ることができます。なお、それぞれのブロックは8を表すオクトパスに由来して「**第一オクテット・第二オクテット・第三オクテット・第四オクテット**」と表現されることがあります。IPアドレスは**LAN内で使用されるプライベートIPアドレス**と、**インターネット上で使用されるグローバルIPアドレス**の2つに分けられます。

IPv4は2^8通りを4つ組み合わせることで、2^{32}（42億9496万7296）個のアドレスを表現できますが、地球上80億人以上の人々がスマホやパソコンやルータを所有し始めているので、**IPアドレス枯渇問題が注目**され、現在は32ビット2進法ではなく**128ビット16進法**を使用した**IPv6**の利用に移行しつつあります。

2 ドメイン名

ドメイン名は，**IPアドレスを人間が理解しやすい形にしたもの**です。例えば，「https://www.corp-gakken.co.jp/」では，「.jp」が日本を表すトップレベルドメイン（ccTLD），「co」が第2レベルドメイン，「corp-gakken」が第3レベルドメイン，「www」が第4レベルドメインです。

〈URLとドメイン名〉

ドメイン名

URL [https://www.example.ed.jp/index.html

スキーム名　ホスト名　組織名　組織種　トップレベルドメイン　ファイル名

〈一部のトップレベルドメインの例〉

.go：政府機関用　　　.ac：大学用　　.ed：小中学校用
.org：非営利組織用　.edu：教育機関用

一方で，「https://sukyojuku.com」のように国名を表さないトップレベルドメインも存在します。これを**汎用トップドメイン**または**gTLD（Generic Top Level Domain）**といい，「.com」「.net」「.org」などがあります。

3 DNSサーバ

IPアドレスとドメイン名の対応関係を管理しているのがDNSサーバです。ユーザがドメイン名を使用してウェブサイトにアクセスするとき，**DNSサーバは対応するIPアドレスを教えてくれます。**これを「**名前解決**」といいます。これにより，ユーザは複雑なIPアドレスを覚える必要がなく，ドメイン名だけでインターネット上の情報を取得できます。

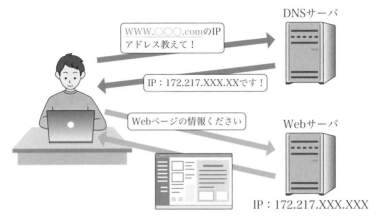

このように，IPアドレスとドメイン名は，インターネットの基盤となる技術の一部です。正確な理解と知識は，情報社会をより深く理解するための鍵となります。

IPアドレスは，必ず違うものが割り振られていないといけないのですか？

WANで使われる機器は「グローバルIPアドレス」という違ったアドレスが使われているよ。LANにあるパソコンなどは，そのエリアでしか使えない「プライベートIPアドレス」を持っていて，これはWANやインターネットには直接使えないよ。

例題 IPアドレスに関する次の文章を読んで，空欄に当てはまる語句の組み合わせとして，最も適当なものを次のア～エの中から選びなさい。

2

IPアドレス・ドメイン名

IPv4方式の IPアドレスでは，ネットワーク部によって所属するネットワークを判別することができる。例えば，IPアドレス 192.168.1.3/24 の場合，ネットワーク部のビット数は＿＿＿①＿＿＿で，IPアドレスを＿＿＿②＿＿＿で表したときの最上位ビットから 24ビットまでがネットワーク部という意味になる。また，ホスト部を0にしたものをネットワークアドレスと呼び，＿＿＿③＿＿＿と表す。

ア　①　3　　　②　8 進法　　　③　192.168.1.0/24
イ　①　3　　　②　2 進法　　　③　192.168.3.0/24
ウ　①　24　　②　2 進法　　　③　192.168.1.0/24
エ　①　24　　②　16進法　　　③　192.168.3.0/24

　問題文にあるIPアドレス 192.168.1.3/24 の場合，ネットワーク部のビット数やネットワークアドレスは次のとおりとなります。

IPアドレス　192.168.1.3/24

11000000 . 10101000 . 00000001 . 00000011
　　　　　ネットワーク部　　　　　　ホスト部
　　　　　24ビット

11000000 . 10101000 . 00000001 . 00000000
　　　　　　　　　　　　　　　　すべて0

ネットワークアドレス→192.168.1.0/24

　上記のとおり，ネットワーク部のビット数は**24**で，IPアドレスを**2 進法**で表したときの最上位ビットから 24ビットまでがネットワーク部という意味になる。また，ホスト部を0にしたものをネットワークアドレスと呼び，そのときの記述の仕方は「**192.168.1.0/24**」となる。これらから，　答え　**ウ**　になる。

3 Webページとメールの仕組み

**ここで
きめる！**

- 👆 インターネット上でよく見かける「www」とは何かを理
解しよう。
- 👆 電子メールの仕組みを理解し，そこで出てくる要素を覚え
よう。

1 ワールドワイドウェブ（WWW）

　ワールドワイドウェブ（WWW）は，インターネット上の情
報をリンクで結びつけ，ブラウザを使用して閲覧するシステムです。
このリンクはハイパーテキスト として実装され，Webページ間の
移動を容易にします。

⑴ **HTTP**：**ブラウザとWebサーバの間**でデータを転送するた
めのプロトコル。

⑵ **DNSサーバ**：**ドメイン名をIPアドレスに変換**するサーバ。

⑶ **Webサーバ**：Webページのデータを保持し，**ユーザのブ
ラウザに送信**するサーバ。

⑷ **URL**：インターネット上のリソースの**位置を示す**アドレス。

> ワールドワイドウェブとインターネットは違うの
> ですか？

> インターネットの中に含まれる機能の1つが，ワー
> ルドワイドウェブだよ。インターネットという機能
> の中には，ワールドワイドウェブのほかに電子メー
> ルやファイル転送などもあるんだ。

2 電子メール（E-mail）

電子メールは，インターネットを使用してメッセージを送受信する手段です。その主な仕組みには，次の要素が含まれています。

(1) **メールアドレス**：メールを送受信するためのアドレスで「ユーザ名＠ドメイン名」の形式を持ちます。

(2) **メーラ**：電子メールを送受信するためのソフトウェアやアプリ。

(3) **SMTP**：メールを**送る**ためのプロトコル。メールを送信するサーバはSMTPサーバと呼ばれます。

(4) **POP/IMAP**：メールを**受信する**ためのプロトコル。メールを受信するサーバは，それぞれPOPサーバやIMAPサーバと呼ばれます。

メールを送信する際，**メーラはSMTPサーバを通じてメールを送り，受信する際はPOPやIMAPサーバを通じてメールを受け取ります。**

〈電子メールの仕組み〉

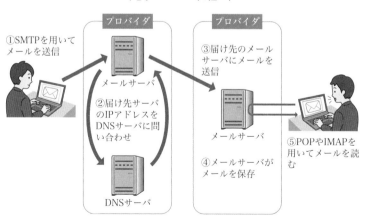

150

このように，Webページやメールは，複数のサーバやプロトコルを組み合わせて動作しており，それぞれの役割や協力によって，スムーズな情報交換が実現されています。

例題　　Webに関する次の文章について，空欄に当てはまる語句の組み合わせとして，最も適当なものを次のア〜エの中から選びなさい。

Webページは，＿＿①＿＿という記述言語で書かれたファイルを作成する。この記述言語を使うことで，Webページに表示される実際のテキストや画像を指定したり，関連するファイルに＿＿②＿＿を設定したりすることができる。

作成したWebページは，＿＿③＿＿というソフトウェアを使って閲覧する。

このソフトウェアを使うことで，＿＿①＿＿という記述言語で書かれたファイルの指定どおりにWebページを表示させることができる。

ア　①　HTML　　　②　ダウンロード　　③　ブラウザ
イ　①　HTML　　　②　リンク　　　　　③　ブラウザ
ウ　①　CSS　　　　②　リンク　　　　　③　CMS
エ　①　CSS　　　　②　アイコン　　　　③　HTML

この問題文は，Web ページに関する文章です。

① Web ページで使う記述言語は，HTML です。CSS も記述言語ですが，テキストや画像の見栄えを良くするために，文字の大きさや表示位置，色を設定する役割を持っています。

② HTML では，関連するファイルにリンク（ハイパーリンク）を設定することができます。

③ 作成した Web ページは，ブラウザ（Web ブラウザ）というソフトウェアを使って閲覧します。

上記から， 答え イ になります。

THEME

4 転送速度とデータ圧縮

ここで
きめる！

👍 転送速度とはどのような値を示すものであるかを確認し，
転送速度の計算方法とその単位を理解しよう。

👍 データ圧縮がなぜ必要なのかを知り，データ圧縮の方法を
覚えよう。

4

転送速度とデータ圧縮

1 転送速度

　情報をデジタルデータとして転送する際，どれだけ**迅速にデータを移動させることができるか**，そしてどれだけのデータを**効率的に圧縮して転送するか**は，今日のデジタル社会で非常に重要な課題となっています。

　転送速度は，特定の時間内にどれだけのデータ量を転送できるかを示す値です。例えば，ウェブサイトからのダウンロードや，ファイルのアップロードなど，日常生活の多くのシーンでこの速度が関与します。この転送速度は，**bps（bits per second）**という単位で表されます。1bpsは，1秒間に1ビットのデータを転送する速度を意味します。

例題
　64Mbpsの通信速度で360MBのデータ量を転送するのにかかる時間を計算しなさい。ただし，このときの転送効率は100%とし，データ量以外のデータは考えないこととする。

問題の条件は，次の通りです。

・転送したいデータ量：360MB
・転送に使用する回線の速度：64Mbps＝64Mビット/秒
・転送に使用する回線の伝送効率：100%

また，転送時間を求める式は次の通りです。

転送時間＝データ量 ÷ 回線速度

計算するためには両方の単位を必ず揃える必要があるので，360MBをビットに変換します。1バイト＝8ビットなので，360MBは360×8＝2880Mビットになります。

転送時間＝データ量 ÷ 回線速度なので，

転送時間＝2880Mビット ÷ 64Mビット/秒＝45秒

となり，| 答え ▶**45秒** | になります。

2 データ圧縮

データ圧縮は，**ファイルやデータのサイズを小さくする技術**です。圧縮することで，データの転送速度を向上させたり，ストレージの使用量を削減したりすることができます。

・**ZIP圧縮**：ZIPは，ファイルやフォルダを効率的に圧縮する一般的なフォーマットです。ZIP圧縮は，多くのファイルやフォルダを1つのZIPファイルにまとめて，全体のサイズを小さくすることができます。

また，**データを送信する際の実際に使用可能な通信効率**を**伝送率**といいます。

転送時間や転送速度の問題では，単位をそろえないといけないのですね。

そうだね。多くの問題では，「メガバイト」や「バイト」と，「メガビット」や「ビット」というように単位を違わせているから，問題を解くときはまず単位をそろえるように注意しよう。

例題 学校のファイルサーバから，400MBのデータをダウンロードし始めて1分が経過した。転送速度は100Mbpsで伝送率は50%である。ダウンロードが終わるまでの時間を，次のア～エの中から選びなさい。

ア　4秒

イ　8秒

ウ　12秒

エ　16秒

この問題文は，データの転送に関する問題です。単位と伝送率に注意して解きましょう。問題文から，条件を次のように整理します。

- 転送したいデータ量: 400MB
- 転送に使用する回線の速度: 100Mbps ＝ 100Mビット/秒
- 転送に使用する回線の伝送効率: 50％

　計算するためには両方の単位を必ず揃える必要があるので，400MBをビットに変換します。**1バイト ＝ 8ビットなので，400MBは400×8=3200Mビット**になります。

　また，転送率は50％なので，実際の転送速度は

　　　100× 0.5 =50 Mビット/秒

になります。

　転送時間＝データ量 ÷ 回線速度なので，

　　　転送時間＝3200Mビット ÷ 50Mビット/秒 ＝ 64秒

となり，ダウンロードにかかる全体の時間は64秒になります。

　問題文から，ダウンロードから1分（60秒）経過しているので，残りは**4秒**です。
　以上から，　答え ▶ ア　です。

THEME

5 情報セキュリティ

ここで
きめる！

📖 暗号化とはどのような技術であるかを理解し，「共通鍵暗号方式」「公開鍵暗号方式」「セッション鍵方式」のそれぞれの手法を覚えよう。

📖 その他のセキュリティ技術である「電子すかし」や「デジタル署名」などの方法を覚えよう。

5

情報セキュリティ

1 暗号化

暗号化は情報を他人に読まれないようにする技術で，元の文書（**平文**）を秘密のルール（鍵）を使って変換し，読み取り困難な暗号文にするものです。暗号化された文を再び平文に戻すことを**復号**といいます。

❶ 共通鍵暗号方式

同じ鍵で暗号化と復号を行う方式を**共通鍵暗号方式**といいます。処理は速いのですが，相手ごとに違う鍵が必要で，複数の鍵の管理方法や相手への鍵の安全な渡し方が問題になります。文字をずらす**シーザー暗号**が有名で，この場合は「〇文字ずらす」という情報が「鍵」ということになります。

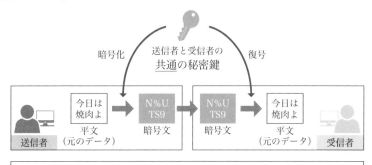

② 公開鍵暗号方式

　暗号化に**公開鍵**，復号に**秘密鍵**というように，**暗号化と復号に別々の鍵を使用する方式**を公開鍵暗号方式といいます。公開鍵は公開されている鍵です。鍵をかけて暗号文にすることは誰にでもできるけれども，その暗号文を復号するには自分だけが知っている秘密鍵が必要，といった具合です。**相手ごとに鍵を用意する必要がなくなり，共通鍵暗号方式よりも鍵管理の手間が大幅に少なくなります。**

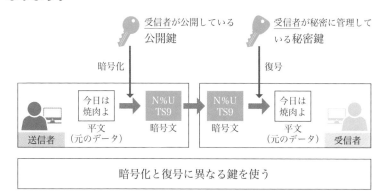

受信者が公開している
公開鍵

受信者が秘密に管理して
いる秘密鍵

暗号化　　　　　　　　　　　　　　　　復号

| 送信者 | 今日は焼肉よ 平文（元のデータ） | N%U TS9 暗号文 | N%U TS9 暗号文 | 今日は焼肉よ 平文（元のデータ） | 受信者 |

暗号化と復号に異なる鍵を使う

	メリット	デメリット	鍵の数
共通鍵暗号方式	暗号化/復号の高速実装が比較的簡単	鍵の管理が煩雑 安全性の確保が難しい	送信者と受信者ごとに1つの共通鍵
公開鍵暗号方式	鍵の配布や管理が容易 デジタル署名に応用可能	暗号化/復号が比較的遅い 計算量が多い	公開鍵と秘密鍵の対をなすペアのみ

❸ セッション鍵方式

通信ごとに一時的に生成される鍵を使用する方法をセッショ
ン鍵方式といいます。古典的な例としてシーザー・ローテーショ
ンがあります。

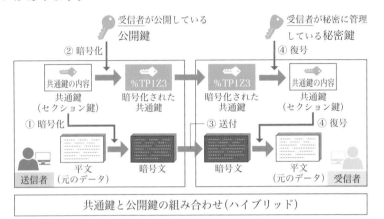

共通鍵と公開鍵の組み合わせ(ハイブリッド)

 暗号化は,どのようなときに使われているのですか。

 例えば,インターネットショッピングで個人情報
やカード情報を送信するときに,暗号通信として
SSL認証が使われるよ。SSL通信では共通鍵を公
開鍵で暗号化し,安全に鍵の受け渡しを行うように
しているんだ。

2 デジタル署名と認証

デジタル署名は,**情報の改ざんを検知し,送信者の認証を行う
技術**です。SSLや,その後継技術である**TLS**は**ウェブの安全な通
信を確保する技術**で,**HTTPS**として知られる安全な通信の基盤と
なります。

① ハッシュ値とハッシュ関数

ハッシュ関数は，**任意の長さのデータを固定長の文字列に変換する関数**です。この固定長の文字列を**ハッシュ値（要約文）**といいます。元のデータからハッシュ値を計算するのは簡単ですが，ハッシュ値から元のデータを復元することはほぼ不可能という**一方向性が特徴的**です。入力値が同じなら必ず同じハッシュ値が出力されるため，受信したデータが送信されたときのデータから改ざんされていないかをチェックするために使われることが多いです。

② デジタル署名と認証局

公開鍵暗号方式とハッシュ関数を組み合わせて，送信されたデータが確実に送信者の送信したデータであり，改ざんされていないことを証明する技術を**デジタル署名**といいます。ここで，公開鍵が本物であることを証明する仕組みとして**公開鍵証明書**や**デジタル証明書（電子証明書）**が有名で，この証明書を発行する機関を**認証局（CA：Certification Authority）**といいます。

デジタル証明書を用いて**オンライン上で個人や組織の身元を確認し，データの改ざんを防止する技術**を**電子認証**といいます。

〈デジタル証明書（電子証明書・公開鍵証明書）〉

公開鍵が信頼できること(本人のものであること)を
第三者機関が証明するもの

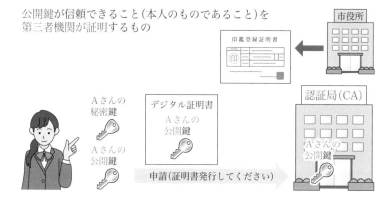

デジタルコンテンツ（画像，音声，映像，文書など）に**目に見えない形で埋め込まれた情報**を**電子すかし**（デジタルウォーターマーク）といい，**著作権の保護や所有権の証明，不正利用の防止に使用**されます。また，データは伝送される際に0と1の電気信号に変換されるため，転送時のノイズやデータ改ざんに気づけるように，**誤り検出符号としてチェックディジットやパリティビット**を付加することもあります。

好ましくないWebサイトの閲覧や利用を制限する仕組みをコンテンツフィルタリングといい，**ブラックリスト方式**で**閲覧禁止する内容を指定する方法**や，**ホワイトリスト方式**で**閲覧許可する内容だけを指定する方法**があります。また，**子どものインターネット利用を制限する機能やソフトウェア**であるペアレンタルコントロールも有名です。

他には，物理的に同じLAN内で他人に情報が漏れないように，**仮想的にネットワークを分割する**VLAN（Virtual Local Area Network）も有効なセキュリティです。

 　暗号化方式に関する記述として，最も適当なものの組み合わせを，次のア～エの中から選びなさい。

a　共通鍵暗号方式は，暗号化と復号に共通鍵を用いる方式である。この方式では，送信者と受信者はあらかじめ共通鍵を共有しておく必要がある。

b　公開鍵暗号方式は，暗号化と復号に2個1組の異なる鍵を用いる方式である。この方式では，データを送信するときには送信者の公開鍵を使う。

c 公開鍵暗号方式では，送信者は送信データを受信者の公開
鍵で暗号化し，それを受け取った受信者は，ペアとなる送信
者の秘密鍵で復号する。

d セッション鍵方式は，共通鍵暗号方式の長所と公開鍵暗号
方式の長所を組み合わせた方式である。

ア　aとb
イ　aとd
ウ　bとc
エ　cとd

a：正しいです。共通鍵暗号方式は「共通」という名前の通り，
暗号化する側と復号する側が共通の秘密鍵を持っていて，送信
者が秘密鍵で暗号化したデータを受信者が「同じ秘密鍵」で復
号する方式です。

b：誤りです。2個1組という点は正しいですが，公開鍵暗号方
式は暗号化するための鍵を公開鍵として公開しておき，**送信者
は受信者の公開鍵で暗号化を行い，受信者は復号用の自分だ
けが持っている秘密鍵で復号する方式**です。

c：誤りです。公開鍵暗号方式は，暗号化するための鍵を公開鍵
として公開しておき，**送信者は受信者の公開鍵で暗号化を行
い，受信者は復号用の自分だけが持っている秘密鍵で復号す
る方式**です。

d：正しいです。セッション鍵方式とは，1回の通信（セッション）
の間だけ有効な使い捨ての暗号鍵を用いる方式です。通常は，
公開鍵暗号方式の鍵の管理が容易という長所と，共通鍵暗号方
式の処理が高速という長所を組み合わせたハイブリッド暗号方
式が用いられます。

以上から，正しいのはaとdですので，　答え イ　となります。

THEME

6 データベース

ここで きめる!

- 🔖 データベースとはどんなものであるかを覚えよう。また, 「トランザクション」や「ロールバック」とはどのような 処理であるかを知ろう。
- 🔖 「リレーショナルデータベース」とはどのようなデータベー スであるかを覚えよう。
- 🔖 「NoSQL データベース」とはどのようなデータベースで あるかを覚えよう。

6

データベース

1 データベース

❶ データベースの基本

皆さんがスマートフォンやコンピュータで情報を保存するとき, その情報はどこかに保存されています。**データベース**は, その情 報を保存する場所のひとつです。

データベースは, 多くの情報（データ）を整理して保存する ための「箱」のようなものです。そして, この箱の中のデータは「構 造化されたデータ」として整理されています。簡単に言うと, きれ いに整理されているため, 欲しい情報をすぐに探し出すことができ ます。この探し出す作業を「**検索**」といいます。

データベースの種類(代表例)
　リレーショナルデータベース
　階層型データベース
　ネットワーク型データベース

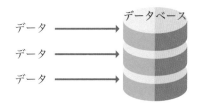

② トランザクション

　皆さんがお店で商品を買ったとき，お金を払って商品を受け取る**一連の流れ**を考えてみてください。この一連の流れを，データベースの世界では**トランザクション**といいます。トランザクション管理は，この流れがちゃんと完了するように，また他の人と同時に買い物をしても**混乱しないようにする仕組み**です。

　例えば，もし途中で何かの問題が発生して商品がもらえなかったら，お金も返してもらいたいですよね。データベースでも，問題が起きたら**最初の状態に戻す機能**があり，これを**ロールバック**といいます。

③ データのバックアップの必要性

　データを保存する箱（データベース）が壊れたら困ります。そのため，データの安全を保つために，**同じデータを別の場所にも保存**する方法があります。これを「**ディスクの二重化**」や「**ディスクミラーリング**」といいます。また，万が一のために定期的にデータの**コピーを取る**ことを**バックアップ**といい，その方法には色々な種類があります。

2 データベースの進化

　皆さんが今使っているスマートフォンやコンピュータのデータベースは，実は長い時間をかけて進化してきました。最初は簡単なリストのようなものから始まり，今では複雑なデータも迅速に扱える高度なものになっています。

① リレーショナルデータベース

リレーショナルデータベースは最も一般的なデータベースの形式で、データを**テーブル**に保存します。各テーブルには**行**と**列**があり、それぞれのデータは「**レコード**」として行に保存されます。これにより、テーブル間の関係を利用して、データを効果的に検索することができます。**データの一意性を保持するための「主キー」**や、**複数のフィールドを組み合わせた「複合キー」、他のテーブルとの関連を示す「外部キー」**などが存在します。

〈リレーショナルデータベースの特徴〉

書籍
主キー　項目　　　　　　　　　　外部キー

書籍ID	書籍名	作者ID
1	羅生門	1001
2	こころ	1002
3	坊ちゃん	1002
4	鼻	1001
5	舞姫	1003
6	吾輩は猫である	1002

作者
主キー

作者ID	作者名
1001	芥川龍之介
1002	夏目漱石
1003	森鴎外

② NoSQLデータベース

近年の大量のデータを扱うニーズに応えるため、新しいタイプのデータベースが登場しました。これは**NoSQLデータベース**と呼ばれ、従来のリレーショナルデータベースとは異なる方法でデータを保存します。例えば、**キー・バリュー型やカラム指向型、グラフ指向型など**、様々な形式があります。

〈NoSQL データベースの特徴〉

NoSQLの特徴

柔軟性	行と列に構造化されていないデータ(画像，音声など)も格納できる。
スケーラビリティ	新たにサーバを追加する「スケールアウト」によって性能が向上する。
処理が高速	表と表の間の整合性を確認する必要がなく，シンプルな構造なので処理分担を行いやすい。
高機能	特定のデータモデル専用に設計されるので機能性に優れる。

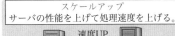

スケールアウト
サーバを増やして処理速度を上げる。

速度UP

スケールアップ
サーバの性能を上げて処理速度を上げる。

速度UP

データベースは，私たちの学校でも使われているのですか。

例えば図書室の貸出システムは，データベースを使っていることが多いよ。貸出状況をデータベース化することで，よく貸し出される本や返却されていない本などを素早く正確に把握することができるんだ。

例題 リレーショナルデータベースに関する次の文章について，空欄に当てはまる語句の組み合わせとして，最も適当なものを次のア～エの中から選びなさい。

　リレーショナルデータベースでは，データを表形式で表現する。データは行として表わされる＿＿＿①＿＿＿を単位として格納され，＿＿＿①＿＿＿は複数の＿＿＿②＿＿＿と呼ばれる列により構成される。また，値が重複せず，＿＿＿①＿＿＿を識別する役割を持つ＿＿＿②＿＿＿を＿＿＿③＿＿＿と呼ぶ。

リレーショナルデータベースでは，複数の表を用いてデータを管理することで，各表で共通する＿＿②＿＿がある場合，選択・＿＿④＿＿・結合を利用してデータ操作を行い，その＿＿②＿＿同士を関連付け，それぞれの表から他の＿＿②＿＿を参照して新たな表を作成することができる。

ア　①　カラム　　　②　レコード　　　③　インデックス
　　④　投影
イ　①　カラム　　　②　レコード　　　③　インデックス
　　④　射影
ウ　①　レコード　　②　カラム　　　　③　主キー
　　④　投影
エ　①　レコード　　②　カラム　　　　③　主キー
　　④　射影

　リレーショナルデータベースでは，データは行として表される**レコード**を単位として格納され，レコードは複数の**カラム**と呼ばれる列により構成されます。また，値が重複せず，レコードを識別する役割を持つカラムを**主キー**と呼びます。

　リレーショナルデータベースでは，複数の表で共通するレコードがある場合，選択・**射影**・結合を利用してデータ操作を行ってカラム同士を関連付け，新たな表を作成することができます。

　なお，選択はテーブルから条件を満たすレコードを抽出する操作，射影はテーブルから一部のカラムを取り出す操作，結合は，複数のテーブルを1つのテーブルにする操作になります。

　以上から，　答え　**エ**　になります。

SECTION

共通テスト対策問題

THEME

1 大問1の対策問題

ここで
きめる！

📖 情報やメディアについて、正しい知識が問われるよ。

予想問題 にチャレンジ

問1 文中の ア ～ ウ に当てはまる語句を、次の⓪～③のうちから一つずつ選べ。

　発信者から受信者に情報が伝えられるときに、かかわったものすべてをメディアとよび、大きく3つに分類される。まず、情報を人々に伝える ア がある。次に、文字や画像、音声など伝えたい情報を表現するための イ がある。最後に、音声やデータを物理的に記録するための ウ がある。

⓪ 表現メディア 　　① 情報メディア
② 記録メディア 　　③ 伝達メディア

問2 情報を伝えるメディアを時代が古い順に並べたものとして適当なものを次の⓪～③のうちから一つ選べ。 エ

A 電信・電話 　　B 新聞や書籍などの印刷物
C ラジオ・テレビ 　　D 電子メール

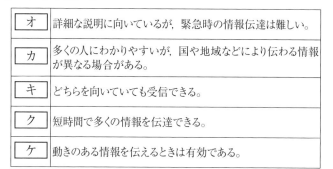

⓪ B→C→A→D

① A→C→B→D

② B→A→C→D

③ D→C→B→A

問3　表は表現メディアの特性をまとめたものである。
　　　 オ 〜 ケ にあてはまる語句を下の⓪〜③のうちか
ら一つずつ選べ。

オ	詳細な説明に向いているが，緊急時の情報伝達は難しい。
カ	多くの人にわかりやすいが，国や地域などにより伝わる情報が異なる場合がある。
キ	どちらを向いていても受信できる。
ク	短時間で多くの情報を伝達できる。
ケ	動きのある情報を伝えるときは有効である。

⓪図形　　①動画　　②音声　　③静止画　　④文字

問4　次の文の コ 〜 ス に当てはまる語句を下の⓪〜
③のうちから一つずつ選べ。

　　　特定の発信者から不特定多数の受信者に向けて，発信者
からの一方向の情報伝達にかかわる情報メディアとしては
コ や サ がある。
　　　それに対して， シ や ス は，双方向の情報伝達
が可能な情報メディアである。

⓪　電話　　　①　Web会議　　　②　新聞

③　ラジオ　　④　SNS

問5　通信メディアのうち，不適当なものを次の⓪〜③のうちから一つ選べ。　セ

⓪　LANケーブル　　①　フラッシュメモリ

②　光ファイバ　　　③　電話回線

問6　次の文のA，Bに当てはまる語句の組み合わせを⓪〜③のうちから一つ選べ。　ソ

　　インターネットには多くの有益な情報が存在しているが，誰でも自由に発信できるため【A】が保証されていない。受信した情報が宣伝・政治的な影響・エンターテインメントなど，どのような【B】をもって発信されているかクロスチェックのような手法を用いて検証するとよい。

	A	B
⓪	残存性	目的性
①	確実性	信憑性
②	信憑性	目的性
③	確実性	目的性

問7　コミュニケーションの分類として，情報の受信者が一人に対して，発信者が複数であるコミュニケーションを逆マスコミ型という。逆マスコミ型に該当するものを次の⓪〜③のうちから一つ選べ。　タ

⓪　電話　①　アンケート　②　講義　③　ディベート

問8 表は間接コミュニケーションを分類したものである。

　　　チ　と　ツ　にあてはまる語句を下の⓪～③のうち
から一つずつ選べ。

チ	同期型コミュニケーション
ツ	非同期型コミュニケーション

⓪　電話　　　　　　　　①　プレゼンテーション
②　会話　　　　　　　　③　電子メール

問9 電子メールの送り先には「To」「CC」「BCC」がある。
「BCC」の使い方として最も適当なものを次の⓪～③のう
ちから一つ選べ。

　　　テ

⓪　同じ内容のメールを一斉送信する場合，いつでも使用
する。
①　返信がほしい人のアドレスを入力する。
②　面識のない人たちに同じ内容のメールを一斉送信する
場合に入力する。
③　上司や目上の人のアドレスを入力する。

問10 インターネット上にある音楽データや動画データを受
信しながら再生する技術を何というか。次の⓪～③のう
ちから一つ選べ。　ト

⓪　ビデオ通話　　　　　①　アプリ
②　SNS　　　　　　　　③　ストリーミング

問11 SNSやメール，インターネットを利用する際の注意や判断として，適当なものを次の⓪〜③のうちから二つ選べ。 ナ 　 ニ

⓪ メールやSNSの相手からのメッセージにはどんなときでも早く返信しなければならない。

① 信頼関係のある相手とメールやSNSでやり取りするときも，悪意をもった者がなりすましている可能性を頭に入れておくべきである。

② SNSやWebページに匿名で投稿した場合，個人が特定されることはない。

③ 不特定多数の相手とやり取りができるため，誤解が生じたり，感情的になったりする場合がある。

問12 大地震などの災害が発生したとき，情報を確認する際の注意や行動について適当なものを次の⓪〜③のうちから一つ選べ。 ヌ

⓪ Webページの情報は信憑性が高いため，すべて信用してよい。

① 電話がつながりにくくなっても，時間がたてばつながるので，つながるまで待っていてもよい。

② 無料通話アプリは親しい人の安否を確認するのに有効である。

③ 役に立つ情報は，真意の確認をとらなくても拡散させたほうがよい。

問13 ブログの記事をほかのブログから逆リンク形式で参照
　　することをなんというか。次の⓪〜③のうちから一つ選べ。
　　　 ネ

　　⓪　トラックバック　　　①　コメント
　　②　クラッキング　　　　③　ダウンロード

問14 SNSやWebページの情報の信憑性を確認する方法と
　　して，不適当なものを次の⓪〜③のうちから一つ選べ。
　　　 ノ

　　⓪　SNSのインフルエンサーの情報であるか確かめる。
　　①　自分で見たり，実行したりして確かめる。
　　②　複数の情報源から得られた情報を照らし合わせて確か
　　　める。
　　③　情報の発信源，更新日時を確かめる。

問15 次の文の ハ に当てはまる語句を，下の⓪〜③のう
　　ちから一つ選べ。

　　　情報社会を生きぬくには，メディアからの情報を読み解
　　く力や活用する力などを身に付けることが求められる。こ
　　のような力のことを ハ という。

　　⓪　メディアコミュニケーション
　　①　メディアリテラシー
　　②　メディアプログラム
　　③　メディアチェック

問1 メディアの種類は「表現メディア」「伝達メディア」「記録メディア」の3つ。

それぞれ次のように分類されるので，そのまま覚えてしまいましょう。

表現メディア	情報を「表現」するための手段として使われるメディア	文字，画像，動画など
伝達メディア	情報の「伝達」するために使われるメディア	テレビ，電話，書籍，手紙，メールなど
記録メディア	情報を「記録」するために使われるメディア	USBメモリ，CD，DVD，手帳など

答え ア：③ イ：⓪ ウ：②

問2 時代が古い順にメディアを並べ替えると，**比較的単純な技術から次第に複雑な技術を使ったものに移り変わっていく**ことになります。

- ・ 文字を印刷する技術…新聞や書籍など
- ・ ケーブル（有線）を使って音声などを伝える技術…電話など
- ・ 電波（無線）を使って音声などを多くの人に伝える技術…ラジオやテレビなど
- ・ インターネットを使って世界中に音声や動画などを伝える技術…電子メールなど

これを踏まえて設問の選択肢を並べるとB→A→C→Dとなります。

答え エ：②

問3　問題文の表に沿って解説します。

文字	文字は「詳しく伝えられる」ことが特徴です。「10時30分」「30cm」などのように，日時や数値などを正確に伝えることに適しています。 その一方で，最後まで読まないときちんと伝わらない（比較的理解に時間がかかる）ことがあり，危険を知らせる場合など瞬間的な理解を求めるケースでは不向きな面もあります。

図形	図形は「言葉で分かりにくいイメージを伝えやすい」ことが特徴です。色や形を使い，直感的に分かりやすく情報を伝えることができます。 その一方で，色や図形から伝わるイメージはすべての人に同じになるとは限らず，伝えたいことがうまく伝わらないことがあります。
音声	音声は「たくさんの人に伝えられる」ことが特徴です。音はいろんな方向から発せられても（自分が知ろうとしなくても）すぐ分かります。このため，緊急性の高い情報（危険など）を伝える時に使われています。
静止画	静止画（写真）は「瞬間的にたくさんの情報を伝えられる」ことが特徴です。目（視覚）を通して，対象の色や形など具体的なイメージを伝えることができます。
動画	動画は「動きや流れを理解しやすい」ことが特徴です。静止画よりも人や物の動きやその場の流れを伝えやすく，見る人により正確な情報を伝えることができます。 その一方で，映像や音声が次々に流れていくため，細かい部分すべてを記憶することは難しい面もあります。

答え　オ：④　カ：⑩　キ：②　ク：③　ケ：①

問4　双方向に情報伝達を行うメディアは，基本的に**「返事を返そうと思ったらすぐ返すことができる」**ものになります。その観点で見ると，新聞とラジオは返事を返そうと思ってもすぐ返すことはできず，情報を伝える側が一方的に情報を伝えるものになります。このためコとサには新聞とラジオが入ります。

　また，電話・Web会議・SNSは「返事を返そうと思ったらすぐ返すことができる」ものになりますが，**電話は発信者と受信者が1対1の関係になる**（不特定多数に情報を伝えない）ため，この

問では不適切です。このためケとコにはWeb会議とSNSが入ります。

答え　コ：②（③）　サ：③（②）　シ：①（④）　ス：④（①）

※コとサ，シとスは順不同

問5　通信メディアは情報を蓄積せず，情報を瞬時に伝達する特徴があります。 この中で，LANケーブル・光ファイバ・電話回線はこの特徴に該当するため，通信メディアに分類されます。

　フラッシュメモリは，情報を蓄積する機能があるので通信メディアではなく，記録メディアになります。

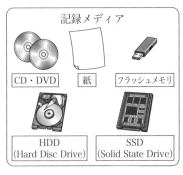

答え　セ：①

問6　情報の信憑性を確かめるために，情報を発信している個人や組織の背景を調べ，どのような立場や利益があるかを理解することで，**発信者の意図・目的を見抜き**，情報の個別性に対処することができます。

答え　ソ：②

問7　コミュニケーションの分類を考える場合，**「情報を発信するのは誰か」** ということがポイントです。

　電話は電話の相手，講義は先生，ディベートは意見を言う人が情

報を発信するので，複数になることはまずありません。アンケートの場合は，「回答内容」が情報になるため，回答者が情報の発信者（複数いる）ということになります。

　アンケートは，最初に依頼者がたくさんの人に対して回答をお願いするため，「依頼者＝発信者（1人）」というふうに思いがちです。依頼者が回答をお願いする段階では，具体的な情報のやりとりは発生していません。**「回答する人の内容」が情報になるので，注意してください。**

答え ▶ タ：①

問8　コミュニケーションにはいくつかの分類があり，この問題ではその中の「**直接・間接**」という分類と，「**同期型・非同期型**」という分類を使っています。それぞれの分類は，次の表のようになります。

（直接・間接での分類）

直接コミュニケーション	発信者と受信者が，直接対面して対話するコミュニケーション
間接コミュニケーション	発信者と受信者の距離が離れていて，何らかの仕組み（メディア）を使って対話するコミュニケーション

（同期型・非同期型での分類）

同期型コミュニケーション	発信者と受信者が同時に情報をやりとりできる（返事がすぐに相手に伝わる）コミュニケーション
非同期型コミュニケーション	発信者と受信者が同時に情報をやりとりできない（返事が相手に伝わるのに時間がかかる）コミュニケーション

①　電話は発信者と受信者の距離が離れていて，同時に情報をやりとりできるので「間接・同期型」のコミュニケーションになります。

① プレゼンテーションは発信者と受信者が直接対面して，同時に情報をやりとりできるので「直接・同期型」のコミュニケーションになります。

② 会話は発信者と受信者が直接対面して，同時に情報をやりとりできるので「直接・同期型」のコミュニケーションになります。

③ 電子メールは発信者と受信者の距離が離れていて，返事が相手に伝わるのに時間がかかるので「間接・非同期型」のコミュニケーションです。

答え チ：⓪　ツ：③

問9　電子メールを送る際のTo・CC・BCCの役割は，次の表のようになります。

To	宛先	要件を伝えたいメインの相手を入力します。「To」に記載された情報は，メールを受信したメンバー全員がわかります。
CC	カーボン・コピー（Carbon Copy）の略	「To」の宛先へ送信するメールの内容を共有したい（知っておいて欲しい）相手がいる場合に入力します。「CC」に設定された人は，「To」と同じくメールを受信したメンバー全員がわかります。
BCC	ブラインド・カーボン・コピー（Blind Carbon Copy）の略	「To」・「CC」の宛先に送信するメールの内容を，誰にも知られずに共有したい相手がいる場合に入力します。「BCC」に設定された人は，送信者以外はわかりません。

　本設問では，BCCを使う場合に最も適しているものについて問われています。面識のない人たち同士であれば，他の人にメールアドレスを知られたくないと思う人がいる可能性が高いため，**お互いのメールアドレスがわからないようにして送る必要があります。**

答え テ：②

問10　**インターネット上の音楽データや動画データを受信しな
がら再生する技術を「ストリーミング」といいます。**

　ダウンロードする場合は，インターネット上のデータを手元のパ
ソコンやスマートフォンに保存してから再生します。保存（ダウン
ロード）が完了するまでは再生できず，しばらく待たないといけま
せん。しかし，ストリーミングはデータを受信しながら再生するの
で，完了を待たずに音楽や映像を見ることができます。また，スト
リーミングでのデータの再生の場合，手元のパソコンやスマート
フォンにデータが保存されません。このためインターネットに接続
していないと，もう一度再生しようとしても再生できません。

　データが保存されないのは不便に思えるかもしれませんが，
**データが保存されない（複製されない）おかげで，著作権のあ
る作品などを視聴できるなどのメリットもあります。**

答え　ト：③

問11　答えは①と③の二つとなります。

　⓪：メールやSNSの相手からのメッセージに対して，どんなと
　　　きでも早く返信しないといけないルールはありません。
　②：SNSやWebページに匿名で投稿した場合でも，前後の発言
　　　内容や過去の投稿内容をつなぎ合わせた結果，個人が特定さ
　　　れることなどがあります。また，投稿を公開する範囲の設定
　　　などが，自分の思ったとおりになっているか確認することも
　　　必要です。

答え　ナ：①（③）　ニ：③（①）

※ナとニは順不同

問12　それぞれの選択肢について考えてみましょう。

⓪：Webページの情報はすべて信憑性が高いとは限りません。

①：電話がつながりにくくなる原因が，一時的に通信規制がかかったからなのか，ケーブルの破損などにより物理的に通信できなくなったからなのか，災害発生直後は判断がつきません。もし物理的に通信できなくなったのであれば，長期間つながらない可能性もあるので，無料通話アプリなどを試すことも必要です。

②：電話がつながりにくくても，「LINE」や「Skype」などの音声通話アプリは，通信規制を受けにくい傾向にあるので災害時には有効です。また，**震度6以上の地震が発生した場合は，各会社が提供する災害用音声サービスも利用できます。**

③：自分が役に立つ情報だと思っても，それが間違った情報であればさらに混乱を招きます。情報の信憑性をしっかり確認してから，知らせるようにしましょう。

答え　ヌ：②

問13　ブログの記事をほかのブログから逆リンク形式で参照することを「トラックバック」といいます。

　インターネットでも，他の人が作ったものを勝手に使うことはマナー違反です。基本的には相手に連絡し，承諾を得ることが望まれています。しかし，その都度相手の連絡先などを調べ，「リンクを貼りましたがよいでしょうか」と承諾を得るのは，非常に手間がかかります。また，リンクを貼られた人も，その都度返事をしたりリンク先を確認したりすることが非常に手間に感じることもあります。

トラックバック機能を使うと，「あなたのページにリンクした」という情報が自動的に相手に送られ，相手のブログではその情報が自動的に表示されます。これによってサイト管理者同士の負担が軽減するのですが，この機能が悪用されることもあるので注意が必要です。

答え　ネ：⓪

問14　SNSのインフルエンサーが発信しているからと言って，その情報が本当に正しいものかどうかは分かりません。自分で実際にやってみる・複数のサイトを見て情報の内容が合っているか確かめるなどの行動により情報の正確さを調べてみることが必要です。例えば，情報の発信元が国や自治体であれば信憑性が高いと判断する・古い更新日時の場合は最新の情報ではない可能性を考えるなどすれば，信憑性の高い情報を得やすくなります。

答え　ノ：⓪

問15　メディアからの情報を主体的に読み解く力や，目的に合わせて情報を効果的に発信する（活用する）能力を「メディアリテラシー」といいます。

　メディアは事実をもとにしたものであっても，「どの内容を取材するか・取材した中からどの部分を切り取って伝えるのか・何が受け手に役に立つ情報なのか」などを考え，情報を取捨選択しています。メディアは公正・中立が大切だと言われますが，送り手の意図が入る時点で，完全に公正・中立な情報ということはまずあり得ません。

　そのため，情報を受け取ったらすぐに結論を出すのではなく，いろいろな角度から調べたり考えたりする（＝内容を読み解く・活用する）ことが必要です。

答え　ハ：①

THEME

2 大問2の対策問題

📖 2進数，10進数，16進数の変換やデジタル化の理解，図表の読み取り問題が出題されるよ。

予想問題 にチャレンジ

A　次の文章を読み，問い（問1〜問3）に答えよ。

　花子さんは，情報Iの授業で習った数値のデジタル化について，より深く学ぶためにコンピュータ内部でどのように利用されているかを調べていました。

　コンピュータ内部では，電圧の高低を「1」「0」に対応させているため，普段の生活になじみのある10進数ではなく，2進数で情報を処理していることが理解できました。しかし，なぜ16進数が必要なのかがわかりにくかったので，先生に質問することにしました。

花子：2進数から10進数，10進数から2進数に変換するのは，コンピュータ内部での処理を知るために必要だと理解できました。負の数や補数を使った減算など，とても便利に考えられていると思います。

先生：例えば，$10111.011_{(2)}$は2進数で表した数字ですが，10進数の表記にできますか。

花子：はい。2進数を10進数に変換するには，2進数の各位の数字にその位の「重み」を掛けて，すべての桁について足し合わせます。$10111_{(2)}$は $1 \times 2^4 + 0 \times 2^3 + 1 \times 2^2 + 1 \times 2^1 + 1 \times 2^0$ となり，$0.011_{(2)}$は $0 \times 2^{-1} + 1 \times 2^{-2} + 1 \times 2^{-3}$ になる

ので，10111.011$_{(2)}$は　ア　です。

先生：正解です。よく勉強していますね。では，なぜ16進数が
　　　必要なのかを理解するために，この表を見てみましょう。

表1　ASCIIコード表（一部）

10進数	2進数	ASCII	10進数	2進数	ASCII	10進数	2進数	ASCII
64	01000000	@	73		I	82		R
65	01000001	A	74		J	83		S
66	01000010	B	75		K	84		T
67	01000011	C	76		L	85		U
68	01000100	D	77	イ	M	86		V
69	01000101	E	78		N	87		W
70	01000110	F	79		O	88		X
71	01000111	G	80		P	89		Y
72	01001000	H	81		Q	90		Z

注：網掛け部分は，作問の都合上表示しない。

花子：日本語を表記するための「JISコード」とは，番号が違
　　　いますね。

先生：これは文字コード表のひとつで，「ASCIIコード」と言
　　　います。初めの32文字と最後の1文字は制御文字として
　　　予約されている文字で，モニタやプリンタなどの機器を
　　　制御するために使用します。表1の　イ　に入る2進数
　　　は，わかりますか。

花子：8桁で表示するから，　イ　です。

先生：正解です。次に，表2を見てみましょう。

花子：表がすっきりして，とてもわかりやすくなりました。

先生：2進数よりも，16進数で表した方が　桁数が少なく，見
　　　やすくなります。コンピュータにとって2進数はとても
　　　便利ですが，2進数よりも，16進数に変換した方が私た
　　　ちにとっても理解しやすくなります。
　　　では，ASCIIコード表の「Y」を16進数で表してみましょ
　　　う。

花子：16進数では0〜9の数字と，A〜Fの英字を使用するの
　　　で，　ウ　になります。

先生：正解です。計算方法を覚えるだけではなく，なぜその処理が必要なのかを関連付けて覚えることは，とても良いことですね。

表2　表1(一部)に16進数の列を追加

10進数	16進数	2進数	ASCII
64	40	01000000	@
65	41	01000001	A
66	42	01000010	B
67	43	01000011	C
68	44	01000100	D
69	45	01000101	E
70	46	01000110	F
71	47	01000111	G
72	48	01001000	H

問1　$10111.011_{(2)}=$ 　ア　 となる値を次の⓪〜③のうちから一つ選べ。

⓪　21.345　　①　21.355　　②　23.365　　③　23.375

問2　表1の空欄 　イ　 に当てはまる2進数を次の⓪〜③のうちから一つ選べ。

⓪　01010111　　　①　01100001

②　01001101　　　③　01110001

問3　空欄 　ウ　 に当てはまるASCIIコード表の「Y」を16進数で表した値を，次の⓪〜③のうちから一つ選べ。

⓪　59　　　①　5C　　　②　65　　　③　6B

B　次の文章を読み，問い（問4〜問6）に答えよ。

　太郎さんは，最近受験勉強が忙しくて，なかなか家事を行うことができていません。そこで少しでも効率良く家事をするために，自分がどの時間に家事を担当するのが最適なのか，見落としている家事はないか，家族の家事分担を見直すためのモデル作成を行うことにしました。

　家族の予定と家事の状況は，次の表のとおりです。

表1　家族の予定表

名前	月曜午前	月曜午後	火曜午前	火曜午後	水曜午前	水曜午後	木曜午前	木曜午後	金曜午前	金曜午後	土曜午前	土曜午後	日曜午前	日曜午後
A	×	△	×	△	×	×	×	△	×	△	○	○	×	×
B	×	×	△	×	×	×	×	×	×	×	△	△	○	○
C	△	○	△	△	○	○	△	○	○	○	△	△	○	△
D	×	△	×	×	△	×	×	×	×	×	×	△	○	△
E	○	△	○	△	○	△	○	○	△	△	○	○	○	○

○：作業可能　△：90分作業可能　×：作業不可能

表2　家事の状況

作業	難易度	時間	月曜午前	月曜午後	火曜午前	火曜午後	水曜午前	水曜午後	木曜午前	木曜午後	金曜午前	金曜午後	土曜午前	土曜午後	日曜午前	日曜午後
食事	高	120分	●	●	●	●	●	●	●	●	●	●	●	●	●	●
キッチン	中	90分	×	▲	×	×	×	▲	×	×	×	▲	×	▲	×	×
洗濯	中	60分	×	●	×	▲	×	●	×	▲	×	▲	×	▲	×	●
衣類の整理	中	60分	●	×	●	×	▲	×	●	×	▲	×	●	×	▲	×
リビング	低	60分	−	−	−	−	−	−	−	−	−	−	▲	▲	▲	▲
お風呂	高	90分	×	×	×	▲	×	×	×	▲	×	×	×	×	×	×
トイレ・玄関	中	60分	▲	×	▲	×	▲	×	▲	×	▲	×	▲	×	×	×
各部屋	低	30分	−	−	−	−	−	−	−	−	−	−	−	−	−	−

●：必須　▲：可能なら実行　−：時間があるときに実行　×：実行なし

　あわせて家族の意見を取りまとめ，問題解決の要素を洗い出すことにしました。要約した家族の意見は，「担当となっている人に作業が偏りすぎないこと，負荷が高すぎないこと」「必須作業にヌケモレがないこと」「作業時間が長くなりすぎないこと」です。

　太郎さんは，問題解決の要素を「担当」「難易度」「時間」とし，自分がどのようなときに家事を担当するのが最適になるのかを考えてみました。しかし，時間帯や各作業で最適と思われる内容がそれぞれ違います。そこで，わかりやすく評価を行うため，数値モデルを採用し，シミュレーションを行うことにしました。

　はじめに，どの要素がより重要なのかを考え，要素の優先順位を決めていきます。太郎さんは，集めた情報のうち「時間」はあまり重要ではないと考え，ひとまず要素から除外しました。

問4　太郎さんが，時間を要素から除外した理由として，最も適切なものはどれか。次の⓪～③のうちから一つ選べ。
　　　　エ

　⓪　モデルで決めた時間通りに，家事が終わるとは限らないから。
　①　モデルで決めた時間より，家事は早く終わるのが当たり前だから。
　②　モデルで決めた時間より，作業時間のかかる家事は限定されているから。
　③　モデルで決めた時間より，家事を担当できる時間は長いはずだから。

　太郎さんは，残った要素の優先順位を「担当」＞「難易度」としました。担当は，作業を担当できる人が１人だけなら10点，１人増えるごとに－２点とします。また，難易度は，「高＝３」「中＝２」「低＝１」として，重みづけに活用します。

　例えば，月曜午前の「食事」は担当できる人が１人のため10点，難易度が高のため重みは３，よって評価式は10×３となり，

評価点が30点になります。「衣類の整理」は，担当できる人が 2 人のため 8 点，重みが 2 ，よって評価式は 8×2 となり，評価点が16点です。月曜午前の合計評価点は，46点になりました。

表3　必須作業の評価結果

作業	月曜午前	月曜午後	火曜午前	火曜午後	水曜午前	水曜午後	木曜午前	木曜午後	金曜午前	金曜午後	土曜午前	土曜午後	日曜午前	日曜午後
食事	10×3 =30	10×3 =30	10×3 =30				10×3 =30							
洗濯				−				−				−		
衣類の整理	8×2 =16	8×2 =16	8×2 =16	−			8×2 =16	−					−	
合計	46	46	46		オ	カ	46				キ		ク	ケ

※「−」必須作業ではないため除外
注：網掛け部分は，作問の都合上表示しない

問5　評価式によって計算された，表3の空欄 オ ～ ケ に当てはまる数字を，下の⓪～③のうちから一つずつ選べ。

オ の解答群
⓪ 22　① 23　② 24　③ 26

カ の解答群
⓪ 40　① 42　② 44　③ 46

キ の解答群
⓪ 26　① 27　② 28　③ 29

ク の解答群
⓪ 14　① 18　② 22　③ 26

ケ の解答群
⓪ 29　① 30　② 31　③ 32

必須作業を評価することができました。点数の高いところが家事分担の負荷の高いところであり，曜日と時間帯によって差

が明確になっています。太郎さんは，他の作業をモデルに加えるため，作業に重みづけ「必須＝2」「可能ならば実行＝1」を行い，再評価を行うことにしました。

　例えば，月曜午前の「食事」は担当が10点，難易度の重みが3，作業の重みが2，よって評価式は10×3×2となり，評価点は60点に変わります。「衣類の整理」は，担当が8点，難易度の重みが2，作業の重みが2，評価式は8×2×2＝32，「トイレ・玄関」の評価式は8×2×1＝16，よって，月曜午前の評価点は108点になりました。

表4　作業の再評価結果

作業	月曜午前	月曜午後	火曜午前	火曜午後	水曜午前	水曜午後	木曜午前	木曜午後	金曜午前	金曜午後	土曜午前	土曜午後	日曜午前	日曜午後
食事	10×3×2 =60		10×3×2 =60				10×3×2 =60							
キッチン														
洗濯														
衣類の整理	8×2×2 =32		8×2×2 =32				8×2×2 =32							
リビング														
お風呂														
トイレ・玄関	8×2×1 =16		8×2×1 =16				8×2×1 =16							
各部屋														
合計	108	コ	108	サ			108	シ		ス				セ

注：網掛け部分は，作問の都合上表示しない

　太郎さんは再評価の結果を参考にして，家族の負担が大きいところの家事を積極的に行っていくことにしました。今後は，担当ごとの評価をまとめることで偏りや負荷を明確にすると同時に，分担を変えた場合のシミュレーションを行います。普段手つかずになってしまいやすい家事についても，このモデルやシミュレーションを活用して，みんなで協力して実行・改善を進めていきたいと考えました。

問6 評価式によって計算された，表4の空欄 コ ～ セ に当てはまる数字を，下の⓪～③のうちから一つず つ選べ。

コ の解答群
⓪ 96 ① 100 ② 104 ③ 108

サ の解答群
⓪ 78 ① 79 ② 80 ③ 81

シ の解答群
⓪ 74 ① 80 ② 86 ③ 92

ス の解答群
⓪ 63 ① 64 ② 65 ③ 66

セ の解答群
⓪ 58 ① 62 ② 68 ③ 80

問1 問題文中にある通り，2進数を10進数に変換するには，**2進数の各位の数字にその位の「重み」を掛けて，すべての桁について足し合わせる。** よって，$1 \times 2^4 + 0 \times 2^3 + 1 \times 2^2 + 1 \times 2^1 + 1 \times 2^0 + 0 \times 2^{-1} + 1 \times 2^{-2} + 1 \times 2^{-3}$を計算すればよい。

③ $10111.011_{(2)} = 23.375$

他の選択肢は，以下の通り。
⓪ $21.345 = 10101.01011000010\ldots_{(2)}$
① $21.355 = 10101.01011010111\ldots_{(2)}$
② $23.365 = 10111.01011101011\ldots_{(2)}$

答え ア：③

問2　10進数の77を2進数に変換する。**77を2で割り，商と余りを計算する。**表記に8桁必要であるため，② 01001101となる。

他の選択肢は，以下の通り。

⓪　01010111₍₂₎＝87

①　01100001₍₂₎＝97

③　01110001₍₂₎＝113

```
2 ) 77
2 ) 38    …1
2 ) 19    …0
2 )  9    …1
2 )  4    …1
2 )  2    …0
      1   …0
```

答え ▶ イ：②

問3　コード表の「Y」は，10進数で「89」である。題意に沿って8桁で2進数を求めると，「01011001」となる。**2進数を4桁の数値に分離し，「0101」「1001」をそれぞれ10進数に変換すると，「5」「9」となる。**これは16進数に変換しても同じ数値であるため，コード表「Y」の16進数は ⓪ 59である。他の選択肢は，以下の通り。

①　5C＝92　　②　65＝101　　③　6B＝107

答え ▶ ウ：⓪

（別解）問題文中にある通り，0～9のあとはA～Fの英字を使用するため，進数の原理を理解していれば，表を順にたどる方法がある。「Ｉ＝49」「Ｊ＝4A」…「Ｏ＝4F」「Ｐ＝50」…「Ｙ＝59」と解答を導き出せる。

問4　数値モデルを作成する際に，問題解決の要素を洗い出しているが，その中で採用しなかった要素を決めた理由を問うている。表1から，担当が「作業可能」もしくは「90分作業可能」なのかを知ることができる。表2からは，作業に対して時間がどれくらいかかるのかを確認することができる。120分以上の作業は食事のみ

であり，表1を確認すると，どの時間帯にも作業が可能な担当が存在している。また，食事以外のすべての作業は90分以下であり，作業時間の長さで担当を考える必要がない。

> **答え** エ：②

（別解） ⓪は，現実世界では起こりうることだが，問題文中では明記されていないため，誤りである。①及び③は個人見解であり，こちらも問題文中には明記されていないため，誤りである。情報を扱う際は，前提条件や仮説条件に基づいてモデル作成を行い，シミュレーションを行わなければならない。

問5　必須作業の評価を行う。**評価式は，担当点数×難易度の重みである。**すべてを計算して表を埋めていくのではなく，同じ条件の評価は同じ点数になることに気づけば良い。例えば，水曜午前の食事と日曜午後の食事は条件が同じため，同じ点数になる。

よって， オ ② 24　 カ ③ 46　 キ ⓪ 26　 ク ① 18　 ケ ③ 32となる。

> **答え** オ：②　カ：③　キ：⓪　ク：①　ケ：③

問6　すべての作業の評価を行う。**評価式は，担当点数×難易度の重み×作業の重みである。**問5と同様に，**同じ条件の評価は同じ点数になる**ことを踏まえて計算する。

よって， コ ⓪ 96　 サ ② 80　 シ ③ 92　 ス ① 64　 セ ③ 80となる。

> **答え** コ：⓪　サ：②　シ：③　ス：①　セ：③

ここで
きめる！ 📖 共通テスト特有のプログラミングについて理解しよう。

予想問題にチャレンジ

問1　次の生徒（S）と先生（T）の会話文を読み，空欄
　　　 ア 　～ 　ウ 　に当てはまる語句の組み合わせとして正
しいものを，次の⓪～③のうちから一つ選べ。

S：コンピュータを使うと簡単に大量の計算ができて便利で
　　すよね。

T：コンピュータでは ア という部分で計算が行われて
　　います。ただ，パソコンで行われる計算は，私たち人間
　　が行う計算とは少し方法が違います。

S：私たち人間は10進数を使っていますが，コンピュータは
　　0と1で表す2進数を使いますよね。

T：しっかり授業の内容を覚えていますね。それでは10進数
　　を2進数に変換するプログラムを作成してみましょう。
　　はじめに10進数を2進数に変換する方法を見てください。

【10進数から2進数への変換方法】

10進数を2進数に変換する手順は以下の通りである。

　与えられた10進数を2で割り，商を下に，あまりを右側に記載する。
1．割り算の商が0または1になるまで続ける
2．商とあまりを下から順番に並べる

　以下は上記の手順を図で表したものである。

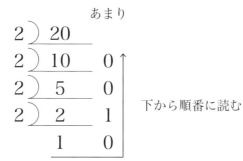

　上図の例を見ると，10進数「20」を2進数にすると「10100」であることがわかる。

【変数の定義】

jusinsu…2進数に変換したい10進数を表す。
Nisinsu…変換した後の2進数の要素を格納した配列である。
sho…割り算の商を表す。
amari…割り算のあまりを表す。
roop…割り算を実行した回数を表す。

以下は，10進数を2進数に変換して表示するプログラムである。なお，プログラム上の変数「x」は，0以上の整数である。

(1)　sho = jusinsu

(2)　Nisinsu のすべての値を0にする

(3)　roop を 0 から sho == 0 or sho == 1 まで 1 ずつ増やしながら繰り返す：

(4)　│ amari = sho % 2

(5)　│ sho = sho ÷ 2

(6)　│ Nisinsu[roop] = 　イ　

(7)　└ roop = roop + 1

(8)　もし sho == 0 or sho == 1 ならば：

(9)　└ Nisinsu[roop] = sho

(10)　x を 0 から roop まで 1 ずつ増やしながら繰り返す：

(11)　└表示する（ Nisinsu[　ウ　]）

	ア	イ	ウ
⓪	CPU	sho	roop
①	OS	sho	roop − x
②	OS	amari	roop
③	CPU	amari	roop − x

問2　次の生徒（S）と先生（T）の会話文を読み，空欄　エ　～　カ　に当てはまるものを，下の⓪〜③のうちから一つずつ選べ。

S：この間，授業で素数について勉強しました。素数を自分で探すのは大変だと感じましたが，プログラミングを使

えば簡単に求められそうですね。

T：とても良い気づきですね。素数とは「2以上の自然数で，1とその数以外に約数を持たない整数」のことです。実際にプログラムを書いてみましょう。

【変数の定義】

seisu…素数かどうか判定される整数を表す。
sosu_flg…素数かどうかを識別する変数である。seisuが素数の場合は1，素数でない場合は0が代入される。

以下は，2から100までの素数を表示するプログラムである。

```
(1)  seisu を 2 から 100 まで 1 ずつ増やしながら繰り返す:
(2)  │ sosu_flg == 1
(3)  │ x を 2 から seisu −1 まで 1 ずつ増やしながら繰り返す:
(4)  │ │ amari = seisu %  エ
(5)  │ │ もし amari  オ   0 ならば:
(6)  │ │ └ sosu_flg =  カ
(7)  │ もし sosu_flg == 1 ならば:
(8)  └ 表示する（seisu + "は素数である"）
```

エ の解答群

⓪ x　　① 1　　② sosu_flg　　③ 2

オ の解答群

⓪ <　　① ==　　② >=　　③ >

カ の解答群

⓪ 0　　① 1　　② seisu　　③ x

問3　次の生徒（S）と先生（T）の会話文を読み，空欄 キ
　　　～ サ に当てはまるものを、下の⓪〜③のうちから一
　　　つずつ選べ。

S：思ったよりも簡単に素数を求められましたね。素数を使っ
　　たプログラムを活用して，素因数分解の宿題をプログラ
　　ムで解いてみようと思います。

T：良い試みですね。まずは素因数分解について少し復習し
　　てみましょう。

【素因数分解とは】

素因数分解とは，自然数を素数の積で表すことである。
例えば，6=2×3，20=2×2×5すなわち「2の2乗×5」と表
せる。

S：素因数分解では先ほど作成したプログラムで求めた素数
　　が使えそうですね。

【変数の定義】

Sosu…2から100までの25個の素数が入った配列である。
下の例のように，要素番号が小さい順番に，2から100まで
の素数を順番に格納している。なお，下の例は配列の一部
を表している。

Sosu[0]	Sosu[1]	Sosu[2]
2	3	5

Soinsu…素因数を格納している。配列のある要素Soinsu[x]は，素数Sosu[x]が素因数の中に何個含まれているかを表している。初期値はすべて0である。

具体例として6=2×3の場合，Soinsuは次のようになる。

Soinsu[0]	Soinsu[1]	Soinsu[2]
1	1	0

同じく具体例として，今度は20=2×2×5の場合を見てみよう。

Soinsu[0]	Soinsu[1]	Soinsu[2]
2	0	1

以下は，外部から入力された実行中に変化しない整数「SEISU」を素因数分解するプログラムである。

```
(1)  SEISU =【外部から入力】
(2)  i を 0 から 24 まで 1 ずつ増やしながら繰り返す：
(3)  │ seisu = SEISU
(4)  │ amari = seisu %  キ
(5)  │ amari != 0 まで繰り返す：
(6)  │ │  ク  = Soinsu[ i ] + 1
(7)  │ │  ケ  = seisu ÷ Sosu[ i ]
(8)  └ └ amari = seisu % Sosu[ i ]
(9)  表示する（ SEISU + "の素因数分解は以下の通り"）
(10) i を 0 から 24 まで 1 ずつ増やしながら繰り返す：
(11) │ もし Soinsu[ i ]  コ  1 ならば：
(12) └ └ 表示する（ Sosu[ i ] + "の" +  サ  + "乗"）
```

キ の解答群

⓪ i ① Sosu[i] ② amari ③ SEISU

ク の解答群

⓪ Seisu[i] ① Sosu[i] ② amari ③ Soinsu[i]

ケ の解答群

⓪ seisu ① Sosu ② amari ③ Soinsu

コ の解答群

⓪ < ① == ② >= ③ >

サ の解答群

⓪ Soinsu[i] ① Sosu[i] ② Seisu[i] ③ amari

問1　コンピュータで大量に計算ができるのは「CPU」のおかげです。CPUは，コンピュータの中心的な部分であり，**各種演算や命令の処理を担当**します。よって，　ア　はCPUとなります。

　　イ　，　ウ　は，10進数「jusinsu」を2進数「nisinsu」に変換するプログラムです。

(6)では，Nisinsuに値を格納しており，【10進数から2進数への変換方法】の通り，2進数に使われる値は「あまり」の値になります。よって，Nisinsuに入る値は「amari」になります。

(11)は，これまで計算した2進数を出力するプログラムです。【10進数から2進数への変換方法】の通り，2進数への変換では，計算結果を**後ろから出力する**必要があります。そのため，要素番号が**1ずつ減る**ことを意味する「roop−x」が適当です。

答え ③

問2　本設問のプログラムは，2から100までの素数を表示するプログラムです。

本設問で新たに用いた変数として「sosu_flg」があります。sosu_flgが1のときは素数であり，0のときは素数でないことを表します。プログラムでは，「最初にseisuを素数，すなわちsosu_flg=1である」と仮定し，もし素数でなかったらsosu_flgを0にするという方法を用いています。

(4)から(6)では，seisuが素数かどうか判定しています。素数とは，1とその数以外に約数を持たない数です。言い換えれば，**2からその数の間の整数すべてで割り切れない**，すなわち**余りが0でない整数**のことを指します。

これらを踏まえて各設問を見ていきましょう。まず(4)はseisu
をある数で割った際のあまりを代入しています。ここでは，2か
らseisuの間の数で割るあまりを求めていると考えられます。した
がって，2からseisu−1まで1ずつ増えているxが正解です。

(5)はamariと0の関係が問われています。ここでは，**もしあま
りが0だったら素数でない**」という判定をしているため，amariと
0の関係は「==」となります。

(6)は，seisuが素数でない場合にsosu_flgを変更しています。
sosu_flgは0のときに素数でないことを表すため，空欄に適してい
るのは「0」となります。

答え　エ：⓪　オ：①　カ：⓪

問3　(4)ではあまりを求めています。素因数分解をする際は「素
因数分解をする数＝seisu」を「素数＝Sosu[i]」で割った際のあま
りが0かどうか，が重要です。あまりが0であれば，Sosu[i]は素因
数といえます。

(5)から(8)ではある素数Sosu[i]がseisuの素因数の中に何個含
まれているかを数えています。(6)ではseisuをSosu[i]で割った
際のあまりが0だった場合に，**その素因数が含まれる個数を表す
Soinsu[i]に1を追加**しています。

(7)ではもとのseisuをSosu[i]で割っています。もしこの1行がなければ，何度でもseisuをSosu[i]で割ることができてしまい，Soinsu[i]が無限大になってしまいます。**迷ったときは実際にプログラムに具体的な数値を入れて紙に書き出す**ことをおすすめします。

(11)は素因数を表示する条件を示しています。Soinsuの初期値はすべて0であり，Sosu[i]がseisuの素因数に含まれる場合のみ，Soinsu[i]は1以上になります。今回は素因数を表示したいので，Soinsu[i]が1以上の場合のみ表示すればよいです。

(12)では，素因数分解の結果を表示しています。「乗」はSoinsuの値を表しているので，Soinsu[i]を表示すればよいです。

答え ▶ キ：① ク：③ ケ：⓪ コ：② サ：⓪

大問4の対策問題

ここで
きめる！

📖 データベースや情報セキュリティの知識が細かく問われる
よ。

予想問題 にチャレンジ

問1 次の記述の空欄 ア ～ エ に入れるのに最も適切
なものを，次のそれぞれの解答群のうちから一つずつ選べ。

　データベースのデータを一定の形式に整理して蓄積する仕
組みを ア という。SNSの膨大な数の投稿の管理などには，
イ と呼ばれるデータベース管理システムが開発されている。
イ の ア である， ウ 型の ア では，項目と値と
いう単純な構造からなる。 エ 型では，双方向のデータのま
とまりを効率的に扱えるように設計されており，大量のデータ
のまとまりを効率的に扱えるように設計されており，大量のデー
タ処理などに適している。

　　　ア ～ エ の解答群
　⓪　グラフ指向　　　① カラム指向
　②　スケールアウト　③ NoSQL
　④　データモデル　　⑤ キー・バリュー

問2 次の記述の空欄 ア ～ ウ に入れるのに最も適切
なものを，下のそれぞれの解答群のうちから一つずつ選べ。

Webサイトで得られた情報と，ほかの方法から得られた別の情報と照らし合わせてその　ア　を確認することが重要である。データを収集する際には，インターネット上の　イ　を用いると便利である。すべてのデータを集めるが難しい場合には　ウ　（標本調査）を行う。

　　　ア　～　ウ　の解答群
　　⓪　オープンデータ　①　クローズドデータ
　　②　量的データ　　　③　信憑性
　　④　サンプリング　　⑤　コーディング

問3　次のやり取りを読んで，空欄　ア　～　カ　に入れるのに最も適切なものを，下のそれぞれの解答群のうちから一つずつ選べ。

子：パソコンの電源は入ったけど，どうやってインターネットに接続するの？

親：家の無線LANの　ア　があるから，それに接続すると使えるよ。

子：　ア　の接続画面に鍵マークがあるけど，これは何？

親：これは　ア　が　イ　に対応していることを示しているんだ。もし　イ　に対応していないものに接続すると通信内容を見られることがあるから注意しておこう。

子：パソコンをインターネットに接続できたよ。じゃあ，すぐにWeb検索で調べものをしてもいいかな。

親：その前にオペレーティングシステムとインストールされているアプリケーションソフトを　ウ　しておこう。

子：それって絶対しないとだめなのかな。

親：するべきだね。ソフトウェアに　エ　があると，ウイルスに感染したり，他のコンピューターを攻撃するための

オ にされたりするおそれがあるよ。あと，他社の不正使用を防ぐためにもパスワードだけでなく，顔や指紋認証などを組み合わせた カ の設定も忘れないようにしよう。

ア ～ カ の解答群

⓪ ファイアウォール　① アップデート
② サンドボックス　③ セキュリティホール
④ アップロード　⑤ 踏み台
⑥ 認証　⑦ 不正アクセス
⑧ アクセスポイント　⑨ ソーシャルエンジニアリング
⑩ ハブ　⑪ 暗号化
⑫ 圧縮

問1　NoSQLは，**RDB以外のデータベース**を指します。最もシンプルなものが「キーバリュー型」キーバリュー型はデータを識別する一意の**「キー」**と，「キー」と組になる**「バリュー」**だけで構成されるシンプルなデータベースの種類です。バリューの内容に関しては，データごとに異なっていても構いません。キーバリュー型は**構造がシンプルなので高速に処理できる**上に，**容量**も少なくてすみます。一方で複雑な検索には適していません。

答え　**ア**：④　**イ**：③　**ウ**：⑤　**エ**：①

問2　情報は鵜呑みにするのではなく，**信憑性を確認する**ことが重要です。また，データ収集の際には，誰でも許可されたルールの範囲内で自由に複製・加工や頒布などができる**オープンデータを用いる**と便利です。

答え　**ア**：③　**イ**：⓪　**ウ**：④

問3　無線LANのアクセスポイントを設定するときは，**暗号化の強度がより高い方式**であるWPA3やWPA2を利用するとよいです。またログイン時などの認証方法として，知識認証や正対認証以外にも、ICカードを用いる所有物認証もあります。

答え　**ア**：⑧　**イ**：⑪　**ウ**：①　**エ**：③　**オ**：⑤　**カ**：⑥

4

大問4の対策問題

［著者］

藤原　進之介　Fujiwara Shinnosuke

代々木ゼミナール情報科講師。株式会社数強塾代表取締役。数強塾グループ代表。オンライン情報Ⅰ・情報Ⅱ専門塾「情報ラボ」代表。武田塾教務。河野塾ISM講師。

日本初の「情報科」大手予備校講師として東進ハイスクール・東進衛星予備校の講義を担当。ITパスポート対策講座や全国模試の解説授業も担当。2024年から代々木ゼミナールに移籍。

中学受験後、得意だった算数が数学に変わり苦手になり、必死に独学して大学進学した経験から、「数学が苦手な生徒を対象」としたオンライン塾を20歳で立ち上げ、拡大させる。

理系科目に苦手意識のある生徒に対する指導を得意とし、累計生徒数は2500名を突破。なお、起業してから1日も休んだことがない。

現在は「情報ラボ」、数学専門塾「数強塾」、総合型選抜専門塾「AOG」を運営するかたわら、YouTubeやX（旧Twitter）にて有益な受験情報も発信している。情報科の問題作成を請け負う作問チームも編成し、500問以上の問題を作成している。

神奈川県横須賀市出身。プライベートではアロマテラピー検定1級を取得。K-POPをはじめ音楽が好きで、フェスによく行く。犬と猫とハムスターも好き。ゲームとアニメも好きで、日常をXやInstagram・YouTubeで発信している。

X（旧Twitter）：@Sukyojuku

きめる！　共通テスト　情報Ⅰ

編 集 協 力	株式会社 ダブル ウィング
カバーデザイン	野条友史（buku）
カバーイラスト	ぽんすけかいかい
本文デザイン	宮嶋章文
本文イラスト	ハザマチヒロ
校　　　　正	株式会社 ダブル ウィング
	TKM合同会社
印 刷 所	TOPPAN株式会社
データ制作	株式会社ユニックス

IN

Gakken

きめる！ KIMERU SERIES

［別冊］
情報 I
Informatics I

直前まで役立つ！
完全対策BOOK

この別冊は取り外せます。矢印の方向にゆっくり引っぱってください。➡

きめる！ KIMERU SERIES

別冊の特長

別冊では，本冊で取り上げた共通テスト「情報Ⅰ」の特徴と，各大問の特徴をまとめて整理しました。また，本冊で紹介した重要用語を一覧にしてまとめました。いずれも共通テストに出てきておかしくない重要用語ですので，模擬試験や共通テスト本番直前まで，この別冊を使って確認してください。

もくじ

> まずは，共通テスト「情報Ⅰ」について，
> 詳しく教えてください。

　「情報Ⅰ」は，令和7年度の共通テストから実施される新科目です。**共通テスト「情報Ⅰ」の最大の特徴は，文系・理系関係なく，ほとんどの国公立大学受験で必須な科目であるということです。**これまでの共通テストでは「情報」という科目が実施されていました。しかし，「情報」を必須としている大学が非常に少なかったため，受験者数が少なかったのに対し，「情報Ⅰ」は多くの受験者が必要となるでしょう。そのため，数学や英語などと同様にきちんと対策することが求められます。

> 共通テスト「情報Ⅰ」の試験時間や配点，
> 出題される単元について教えてください。

　独立行政法人大学入試センターが発表しているものによると，「情報Ⅰ」の**試験時間は60分，配点は100点**となっています。
出題される単元について，大学入試センターが発表した試作問題では，**大問４つの構成**となっています。

	出題内容	配点
第1問	・情報社会の問題解決 ・コミュニケーションと情報デザイン ・コンピュータとプログラミング ・情報通信ネットワークとデータの活用	20点
第2問	・情報社会の問題解決 ・コミュニケーションと情報デザイン ・コンピュータとプログラミング	30点
第3問	・コンピュータとプログラミング	25点
第4問	・情報通信ネットワークとデータの活用	25点

また，共通テストの問題作成方針として，次のように公表しています。

日常的な事象や社会的な事象などを情報とその結び付きとして捉え，情報と情報技術を活用した問題の発見・解決に向けて探究する活動の過程，及び情報社会と人との関わりを重視する。問題の作成に当たっては，社会や身近な生活の中の題材，及び受験者にとって既知ではないものも含めた資料等に示された事例や事象について，情報社会と人との関わりや情報の科学的な理解を基に考察する力を問う問題などとともに，問題の発見・解決に向けて考察する力を問う問題も含めて検討する。

※独立行政法人大学入試センター「令和7年度大学入学者選抜に係る大学入学共通テスト問題作成方針」より抜粋

そのため，ただ知識を身につけるだけでなく，それをどのよう活用するのかが重要となってきます。

第1問はどのような特徴がありますか？

　第1問は**全単元から小問形式で出題されると予想されます**。全体の中では配点20点と少ないですが，**知識問題が中心**であるため，しっかり勉強して知識を身につければ，きちんと得点を取ることができる大問です。ただし，**小問でもその場で考えさせる問題があるので，正しく正確な知識の定着が重要**で

第2問はどのような特徴がありますか？

　第2問は，おもに**身のまわりの技術について考える問題や，図表の読み取り問題が中心**になると予想されます。また，配点30点と配点が最も高い大問でもあります。図表の読み取り問題は，**「何が問われているか」「どこに情報が書かれているか」「読み取れる正しい情報はどれか」をその場で判断できる力が必要**です。

第3問はどのような特徴がありますか？

　第3問は，おもに**プログラミングに関する問題**が出題されると予想されます。プログラミング言語は多数あり，教科書や学校によって使用されているものが違っておりますが，共通テストでは，独自の**「共通テスト用プログラム表記」**が用いられます。共通テストの問題作成方針にも，次のように記載されています。

プログラミングに関する問題を出題する際のプログラム表記は，授業で多様なプログラミング言語が利用される可能性があることから，受験者が初見でも理解できる大学入試センター独自のプログラム表記を用いる。

※独立行政法人大学入試センター「令和7年度大学入学者選抜に係る大学入学共通テスト問題作成方針」より抜粋

また，「共通テスト用プログラム表記」を用いたプログラムは，次のようになります。見れば理解できるプログラム表記となっていますが，ルールはしっかりと覚えておきましょう。

```
(1) Kouka = [1,5,10,50,100]
(2) kingaku = 46
(3) maisu = 0, nokori = kingaku
(4) i を  キ  ながら繰り返す：
(5) │ maisu =  ク  +  ケ
(6) └ nokori =  コ
(7) 表示する(maisu)
```

図1　目標の金額ちょうどになる最小の硬貨枚数を計算するプログラム

（大学入試センター　試作問題「情報Ⅰ」第3問より抜粋）

第4問はどのような特徴がありますか？

　第4問は**データ分析に関する問題**が出題されると予想されます。第2問の図表の読み取りに近い内容ですが，第4問の方が，より数学的な技術が求められます。箱ひげ図や散布図など，数学Ⅰで学習する内容のグラフの見方や意味をしっかりと理解しておくようにしましょう。

SECTION 1では，情報社会の概要や課題点と対処法を学びます。具体的には，メディアリテラシー，情報セキュリティ，個人情報保護，知的財産権・サイバー犯罪などの幅広い内容を扱います。

 情報の特性を日常と結びつける

「**情報とデータの違いは？**」「**情報にはどのような特性がある？**」という基本的な問題に答えられることはもちろん，それらの知識を**日常生活の延長線上に結びつける**ことが大切です。共通テストでは実生活に活きる学力を問う出題が多く，単純な暗記だけでなく，実践的に**どのように役に立つ**かを考えながら学ぶとよいでしょう。

 最新の情報技術や情報セキュリティにアンテナを張る

ITの進化によって，新しい情報技術が次々と登場しています。本書で出てくる技術はしっかりと覚え，その他日常生活で登場している最新技術にもアンテナを張っておきましょう。また，それらが**私たちの生活にどのような影響を与えているか**，情報セキュリティはどのように使われているかを理解しておきましょう。

ここが問われる！ 知的財産権などの用語を覚えるだけではダメ

　知的財産権や個人情報などは用語がたくさん出てくるため，細かく覚えなければなりません。例えば「**産業財産権を4つ答えなさい。**」や「**著作権の有効期限は何年ですか。**」と聞かれて答えられることは当然です。共通テストを攻略するなら，さらに踏み込んで「**これらがなぜ重要か**」を考えるようにしましょう。

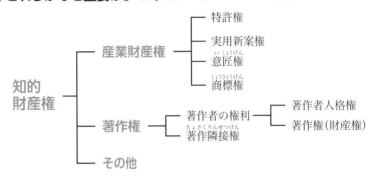

　共通テストでは，生徒と先生の会話文を読みながら，個人情報保護法が必要となる具体的なシチュエーションがあげられる可能性があるよ。サイバー犯罪やマルウェア，ネット詐欺に対する防御方法も考えながら学ぶといいね！
　また，「どうやって出題されるかな？」と考えながら勉強すると理解しやすいよ。がんばろうね！

SECTION 2で学ぶこと

SECTION 2では，情報をデジタル化し，有効に使うための技術や方法について学びます。アナログとデジタルの違い，ビットとバイト，データの符号化，さまざまなデータのデジタル化方法（音声，画像，動画）そしてデータ圧縮について理解しておきましょう。

ここが問われる！ 2進法と16進法の計算は必須

人類はコンピュータを活用して膨大なデータを保存し，データ量が増加したからこそ，2進法だけでなく16進法を活用してより多くのデータを効率よく活用しているのです。10進数と2進数の計算についてはもちろん，16進数との関連についても把握しておくことが求められます。

【10進数，2進数，16進数の関係】

10進数	0	1	2	3	4	5	6	7	8
2進数	0	1	10	11	100	101	110	111	1000
16進数	0	1	2	3	4	5	6	7	8
10進数	9	10	11	12	13	14	15	16	
2進数	1001	1010	1011	1100	1101	1110	1111	10000	
16進数	9	A	B	C	D	E	F	10	

ここが問われる！　デジタルデータへの変換方法を理解しよう

　文字，音声，画像，動画のデジタル表現方法を学び，ランレングス法やハフマン法のようなデータ圧縮の技術を理解します。

　標本化→量子化→符号化の流れは基本です。多くの受験生が正しく暗記してくるでしょう。一方で，標本化周期や圧縮法など，理解が大切な部分は差がつきやすいので，ぜひここまで覚えましょう。

ここが問われる！　身のまわりの情報デザインにも目を向けよう

　メディアリテラシーや情報デザインについては，特に日常生活と密接しているテーマです。ここで出てくる用語を覚えるだけでなく，それがどのようなシーンでみられるかまでチェックするようにしましょう。

SECTION 2は知識問題と計算問題がどちらも出題される可能性があります。UIやUXの知識を問われることもあれば、動画のデータ量の計算問題が出題される可能性も高いです。全体を通して「情報デザイン」という名前が付いているとおり、発信者から受信者に向けて、「情報を分かりやすく伝える工夫」について学んでいるのだという意識をもちましょう。

SECTION 3では，**コンピュータの構成**や**処理の仕組み**と，**プログラミング**に関する基礎から応用までを学びます。コンピュータがどのようにデータを処理するかをきちんと把握しておくことが重要となります。

 コンピュータの構成と処理の仕組みを知っておこう

コンピュータの構成要素には似たような名前のものがいくつか出てきます。まずはそれらを分別して覚え，その後，コンピュータがどのようにデータを処理し，タスクを実行するかの仕組みを理解するようにしましょう。

また，さまざまな**論理回路**が登場します。それぞれの回路がどのような入出力をするものかを間違えないようにしておきましょう。

【論理回路の一例】

①論理積（AND）回路

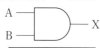

入力		出力
A	B	X
0	0	0
0	1	0
1	0	0
1	1	1

②論理和（OR）回路

入力		出力
A	B	X
0	0	0
0	1	1
1	0	1
1	1	1

③否定（NOT）回路

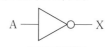

入力	出力
A	X
0	1
1	0

ここが問われる！ プログラミングは最重要単元

　情報Ⅰの目玉の単元ともいえるプログラミングについては，まずは**アルゴリズムの概念**から理解するようにしましょう。アルゴリズムがわかったら，それを実装するためのプログラミングの基本を学びます。**変数の考え方**や**分岐，繰り返し**について，共通テスト用プログラム表記とあわせて知識を定着させ，穴埋め問題まで解けるようになっておきましょう。

【分岐のプログラム例】

(1)　もし kekka >= 90 ならば：
(2)　│ 表示する（"合格です"）
(3)　そうでなければ：
(4)　└ 表示する（"再テストです"）

【繰り返しのプログラム例】

(1)　hensu = 5
(2)　x を 1 から 5 まで 1 ずつ増やしながら繰り返す：
(3)　└ hensu = hensu + x

> プログラミング問題は，日常生活に根ざした出題が想定されます。例えば「自動掃除機のプログラムを作るには？」「あみだくじを作るプログラムは？」など，日常生活の問題を解決するために，コンピュータにどうやって命令すればいいか？という視点で物事を考えると，試験本番の出題に対応しやすくなるでしょう。

SECTION4で学ぶこと

SECTION 4では，情報通信ネットワークの基礎とデータ活用技術について学びます。通信プロトコル，ネットワークの種類，データベースの使用方法，データ分析技術など，データを効果的に活用するための知識が網羅されています。

ここが問われる！ ネットワークの構成と機器を知っておこう

ネットワーク関連は覚えるべき知識がたくさんあるテーマになります。普段使っているネットワークがどのように構成されているのか，どういった機器が使われているのかを間違えないように丁寧に覚えるようにしましょう。

ここが問われる！ データの転送速度の計算はできるようにしよう

「ダウンロードに時間がかかるな」のようなことは普段の生活で経験することがあるでしょう。この時間やダウンロードの速度を計算するのが転送速度の式になります。日常生活と関連させやすいことから共通テストでも問われやすいので，きちんと計算できるようにしておきましょう。

ここが問われる！ データベースと暗号化は整理して覚える

　データベースや暗号化はいくつかの種類があるため，混同して覚えてしまうことが多い内容となっています。暗号化であれば「共通鍵暗号方式」「公開鍵暗号方式」「セッション鍵方式」の利点と欠点をしっかりと分別して覚えるようにしましょう。

　また，この内容は情報セキュリティといわれる内容であるため，テストでも問われやすい内容となっています。情報セキュリティ技術について普段から意識しておくと，ここで登場する知識の定着がスムーズになります。

情報通信ネットワークとデータの活用は，現代社会における情報の流れとその利用方法を理解するために不可欠です。各要点をしっかりと把握し，情報社会における効果的な情報活用法を身につけましょう！

- 共通テスト「情報Ⅰ」は，**文系・理系関係なく，ほとんどの国公立大学受験で必須な科目**です。

- 「情報Ⅰ」の**試験時間は60分，配点は100点**で，**大問4つ**の構成となっています。

- 第1問は**全単元から小問形式で出題**されると予想されます。配点は20点です。

- 第2問は，おもに**身のまわりの技術について考える問題や，図表の読み取り問題**が中心になると予想されます。配点は30点です。

- 第3問は，おもに**プログラミングに関する問題**が出題されると予想されます。配点は25点です。また，プログラム言語には，共通テスト独自の「**共通テスト用プログラム表記**」が用いられます。

- 第4問は**データ分析に関する問題**が出題されると予想されます。配点は25点です。数学と同じような知識が重要となります。

きめる！
KIMERU SERIES

読むだけで点数アップ！

情報Ⅰ用語集

SECTION 1
情報社会

1. データを集めて解釈を加えると**情報**になり，その情報が人の役に立つ形で蓄積されると**知識**になります。知識はさらに，価値を創造することで**知恵**になります。これを四層に並べた概念的なモデルを**DIKWピラミッド**（**DIKWモデル**）といいます。

2. 人類の社会は，動物を狩ったりしてくらしていた**狩猟社会**にはじまり，次に**農耕社会**で自給自足の生活を送るようになりました。18世紀後半には**産業革命**が起こり，工場で機械を使って大量生産し，消費されるようになった**工業社会**が到来しました。現在は**情報社会**となっており，情報社会の次に目指すべき社会のビジョンとして，日本政府が掲げているのが**society5.0**です。**超スマート社会**や**新しい情報社会**ともいいます。

3. 新しい情報社会の課題には，**情報の信頼性，プライバシーの保護，セキュリティの確保**などがあります。

4. 情報の特性は6つあります。
- **残存性**：相手に伝えてもなくならず，時間と空間を超えて残る
- **複製性**：大量に複製することができ，品質を維持することが可能
- **伝播性**：情報は迅速に広範囲に伝播する
- **個別性**：受け取る人や環境によってその価値や内容が変わる
- **目的性**：情報が特定の目的を達成するために用いられる
- **形がない**：形がないため，盗まれても気づきにくい

5. 情報社会の発展は，新しい問題を引き起こしています。
- **テクノストレス**：情報機器を使いこなせないことによるストレス
- **インターネット依存**：日常生活に支障をきたすほどインターネットに依存してしまう
- **ワンクリック詐欺，架空請求**：インターネットを利用した詐欺行為

6. **知的財産権**は次のように分類されます。

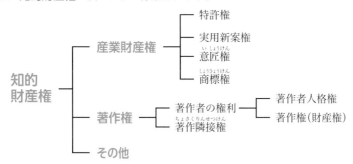

・**特許権**：新規性をもつ発明に対して与えられる権利
・**実用新案権**：形状や構造などのアイデアに対して与えられる権利
・**意匠権**：新規のデザインに対する権利
・**商標権**：商品やサービスの出所を示す商標に対する権利
・**著作者人格権**：公表権，氏名表示権，同一性保持権がある
・**著作権（財産権）**：複製権，公衆送信権，展示権，頒布権などがある
・**著作隣接権**：演奏家や製作者，放送機関などがもつ権利

7. 産業財産権は，特許庁に申請して認められることで権利が発生する**方式主義**で，著作権は，作品が形になった時点で自動的に権利が発生する**無方式主義**です。

8. 著作者の利益を不当に侵害しない範囲であれば，著作者の許諾を得ることなく著作物を使用することができるという規定を**著作権の制限**といい，著作権の制限のひとつに**引用**があります。

9. 個々の人を識別できる情報を**個人情報**といいます。
・**基本四情報**：氏名，住所，性別，生年月日の4つの情報
・**個人識別符号**：マイナンバーやパスポート番号のような，その情報単独で個人を特定できる情報
・**要配慮個人情報**：人種や社会的身分など，特に配慮を必要とする情報

10. 著作権者が自らの著作物に対して許諾を行うためのライセンス体系を**クリエイティブ・コモンズ**といいます。

	BY（表示）	著作物を利用する際には著作者を表示する
	NC（非営利）	著作物を営利目的で利用することを禁じる
	ND（改変禁止）	著作物を改変することを禁じる
	SA（継承）	著作物を改変した場合，その改変物も同じライセンスを適用する

11. 個人情報の不正利用には次のような事例があります。

・**フィッシング詐欺**：偽のメールなどを用いて個人情報を盗む
・**キーロガー**：コンピュータのキーボード入力で盗むソフトウェア
・**ソーシャルエンジニアリング**：背後から盗み見たりするなど，情報技術を使わずに情報を盗む

12. 悪意を持ったソフトウェアの総称を**マルウェア**といいます。

・**ウイルス**：他のプログラムに潜むことで拡散し，デバイスの動作を妨げたりデータを破壊したりする
・**スパイウェア**：知らない間に個人情報を収集し，第三者に送信する
・**ランサムウェア**：デバイスのデータを暗号化し，復元するための身代金を要求する
・**ボット**：不正な制御下で，ネットワークを通じて攻撃を行う

13. 身のまわりの情報システムには**POSシステム**や**電子マネー**，**RFID**，**ETC**，**GPS**，**GIS**などがあります。また新しい情報技術として，**クラウドコンピューティング**，**人工知能（AI）**，**IoT**，**ビッグデータ**，**VR**，**AR**などがあります。その一方で，情報をうまく使いこなせる人と使いこなせない人との間に格差が生じており，その格差を**情報格差（デジタルデバイド）**といいます。

デジタル化と情報デザイン

1. **アナログデータ**は連続的な値を持つデータ形式で，**デジタルデータ**は離散的な値を持つデータ形式です。デジタルデータは0と1のみを用いる**2進法**で表現され，情報量の最小単位はビットです。また，コンピュータでは**16進数**がよく使用されます。

2. 文字のデジタル化は**文字コード**を用いて行われます。日本では，**JISコード**や**シフトJISコード**，**EUO**などが用いられてきましたが，互換性がないことから，今はUnicodeが普及しています。

3. 特定の機種やOSでしか正しく表示できない文字を**機種依存文字**といいます。機種依存文字を使用するときの注意点として，異なる環境で表示しようとすると**文字化け**を起こす可能性があります。

4. 音声をデジタルデータに変換する流れ，一定の時間間隔（**標本化周期**）でその値（**標本点**）を取る**標本化（サンプリング）**，それぞれの標本点を一定の範囲で表現する**量子化**，量子化した値をデジタル信号に変換する**符号化**の3ステップで行われます。このとき，一時的には**パルス符号変調（PCM）方式**が用いられます。

5. 音声をデジタルデータに変換するときは，「もとの音声信号を正確に表現するためには，**標本化周波数**がもとの信号の最高周波数の2倍以上でなければならない」という**標本化定理**に注意しなければなりません。これを無視して標本化周波数を設定すると，情報が失われる**エイリアシングノイズ**が発生します。

6. 音質とデータ量は**トレードオフの関係**にあります。

7. 光の三原色は**赤**（R：Red），**緑**（G：Green），**青**（B：Blue）のことをいい，これらの色を混ぜ合わせると，やがて**白**になることから**加法混色**といいます。

8. **色の三原色**は**シアン**（C：Cyan），**マゼンタ**（M：Magenta），**イエロー**（Y：Yellow）のことをいい，これらの色を混ぜ合わせると，やがて黒になることから　**減法混色**といいます。

9. 静止画は1つの**フレーム**を長時間表示することで，物事の一瞬をとらえます。静止画を構成する基本的な要素は**画素**（ピクセル）であり，**解像度**は画像の詳細度を決定します。また，**階調**は画像の明るさレベルを表示します。

10. 静止画の形式には，画素のグリットに色情報を持つ**ラスタ形式**と，数学的な形状と色情報で画像を定義する**ベクタ形式**があります。

11. 静止画のデータ量は次の式で求められます。
　　1画素あたりのデータ量×画素数（画像の幅×高さ）

12. 動画のデータ量は次の式で求められます。
　　1フレームのデータ量×フレームレート×時間[s]

13. データの圧縮の効率を**圧縮率**といい，次の式で求められます。

$$\frac{圧縮後の容量}{圧縮前の容量} \times 100$$

14. データの圧縮には**可逆圧縮**と**非可逆圧縮**の2種類があります。主な圧縮法に**ラングレス法**や**ハフマン法**がある。

15. 情報を伝達するための媒体を**メディア**といい，次のように分けられます。

- **表現メディア**：情報を表現するメディア
  例…文字，図，音声
- **伝達メディア**：空間の垣根を越えて情報を伝えられるメディア
  例…テレビ，新聞，電線
- **記録メディア**：情報を記録することで時間の垣根を越えて伝えられる
  メディア
  例…紙，DVD，HDD

16. メディアのうち，USBメモリや無線ネットワーク装置などのように，直接手で触れられるメディアを**物理メディア**といいます。

17. テレビや雑誌，書籍などのように大量の情報を一方向に伝達するメディアを**マスメディア**といいます。マスメディアは，政治や経済などで単純な情報伝達以上の力をもってしまい，権力が1点に集中する**中央集権的**になってしまうことがあります。

18. インターネットを利用して誰もが情報発信できるメディアを**ネットワークメディア**といいます。

19. メディアの歴史は次のように変化していきました。

		15世紀	19世紀	20世紀前半	20世紀後半
言葉の発達	文字の発明	活版印刷の発明	電気通信技術の発達	大量送信の時代	双方向伝達の時代
口頭	筆記	印刷物	電信・電話	ラジオ テレビ	インターネット 電子メール

20. **メディアリテラシー**とは，メディアを適切に理解し，活用する能力を指します。これには，**メディアの信憑性**や**情報の信頼性**を判断する能力と，プログラムや情報を適切に理解・使用する能力が含まれます。

21. メディアリテラシーを高める方法として，**フェイクニュース**や**印象操作**を見抜くために**クロスチェック（相互確認）**をしたり，**二次情報**より**一次情報**を重視するということが挙げられます

22. コミュニケーションにはいくつか分類の仕方があり，発信者と受信者の人数による分類は次のようになります。
・**1対1（個別型）**：個人的な情報を送受信し，共有する
・**1対多（マスコミ型）**：1人が発信者となり，複数の人が同じ情報を共有する
・**多対1（逆マスコミ型）**：複数の人が発信者となり，1人がその情報を受信する
・**多対多（会議型）**：複数の人が対等な立場で情報を発信・受信し，共有する

23. コミュニケーションを直接的なものと間接的なものに分けると，次のようになります。
・**直接コミュニケーション**：発信者と受信者が直接対面している
　　　　　　　　　　　　　　例…会話，プレゼンテーション
・**間接コミュニケーション**：発信者と受信者が離れている
　　　　　　　　　　　　　　例…電話，手紙，電子メール

24. コミュニケーションを同期性で分類すると，次のようになります。

・**同期型コミュニケーション**：発信と受信のタイミングが同じ

例…会話，電話，ビデオ通話

・**非同期型コミュニケーション**：発信と受信のタイミングが異なる

例…手紙，電子メール，SNS

25. 情報を受信するための障壁を取り除く考え方を**情報バリアフリー**といい，例えば，視覚や聴覚に障がいを持つ人々も利用できる**音声読み上げソフト**や**筆談具**などがあります。

26. 情報年齢や能力に関わらず，すべての人が情報を理解しやすいように設計する考え方を**ユニバーサルデザイン**といいます。ユニバーサルデザインの例として，視覚的に情報を伝える**ピクトグラム**があります。

27. ウェブ上の情報が誰でも利用できるようにする工夫のことを**Webアクセシビリティ**といいます。例えば，画像などのテキスト以外の要素には**代替テキスト**をつけることが推奨されています。

28. 製品やサービスが使いやすいことを**ユーザビリティ**といいます。

29. 人間とシステムとの間の相互作用を可能にするもの**ユーザインタフェース**といいます。

30. 情報をわかりやすく相手に伝える工夫を**情報デザイン**といいます。情報を**可視化**する**インフォグラフィックス**や，**構造化**するレイアウトの整理，**抽象化**するピクトグラムやアイコンが有名です。なお，抽象化は文字についても行われており，**テキストマイニング**や**機械学習**の研究領域でも注目されています。

31. **フォント**は情報を伝えるための重要な要素であり，堅実な印象を与える**明朝体**や，モダンでシンプルな印象を与える**ゴシック体**などがあります。

32. **配色**は情報デザインにおける重要な要素で，色の三要素である**明度**（明るさ），**彩度**（鮮やかさ），**色相**（色合い）は情報の見やすさと印象を大きく左右します。また**色相環**を利用すると，**補色**や類似色を見つけることができ，バランスの良い配色を作ることができます。

33. 色に頼らず情報を伝える**カラーバリアフリー（色覚バリアフリー）**や，**色の識別性**を考えることも重要です。

34. ある物体がどのような行動を可能にするかを示す特性を**アフォーダンス**といい，人の行動を正しく誘導するためのサインを**シグニファイア**といいます。

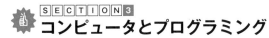

コンピュータとプログラミング

1. コンピュータは物理的な構成要素である**ハードウェア**と，**アプリやオペレーティングシステム（OS）**のような**ソフトウェア**との間で情報をやり取りします。ハードウェアには，**プロセッサ**，**メモリ**，HDDや SSD，**タッチパネル**などの入出力に関わる装置が含まれます。

2. ソフトウェアは，主に**基本ソフトウェア**と**応用ソフトウェア**の二つに分けられます。

・**基本ソフトウェア**：コンピュータの基本的な機能を制御するソフトウェアで，OSや**ドライバ**が含まれます。

・**応用ソフトウェア**：ユーザーが特定のタスクを遂行するために使用するソフトウェアで，**アプリケーションソフトウェア**ともいいます。

3. ハードウェアとソフトウェアは**バス**と呼ばれるデータ通路を介して連携し，情報を迅速に交換します。また，コンピュータの物理的な部品が互いに接続する方法を**インタフェース（ハードウェアインタフェース）**といいます。GUIはソフトウェアのインターフェースの1つで，ユーザーがアイコンなどの視覚的な要素を操作してコンピュータを制御することができます。

4. インタフェースにはUSBやHDMI，**イーサネット**などがあり，無線ネットワークにはWi-FiやBluetoothなどがあります。

5. コンピュータは大きく分けて，**入力装置**，**記憶装置**，**演算装置**，**出力装置**，**制御装置**の5つの部分から成り立っており，それぞれ次のような特徴があります。

・入力装置：ユーザーの指示をデジタル信号に変換し，コンピュータが理解できる形式で提供します。

・記憶装置：**主記憶装置（メインメモリ）**と**補助記憶装置（ストレージ）**に分けられます。主記憶装置にはRAMやROMがあり，補助記憶装置にはHDDやSSDなどがあります。

・演算装置：すべての演算処理の中心となる**レジスタ**が存在し，プログラムの命令に従ってデータを処理します。

・出力装置：コンピュータが処理した結果をユーザーに伝える装置です。

・制御装置：他のコンピュータの部品の動作を調整します。また，制御装置と演算装置を合わせて**CPU（中央処理装置）**といいます。

6. CPUは次のような主要な部分から構成されています。

・**プログラムカウンタ**：主記憶装置のどのアドレスの命令を次に取り出すかを指定

・**命令レジスタ**：主記憶装置から取り出した命令を一時的に保存

・**命令解読器**：命令を解読して各部を制御

・**データレジスタ**：データを一時的に保存

・**演算装置**：加算などの算術演算やその他の演算を行う

7. コンピュータの動作のタイミングを揃える信号を**クロック信号**といい，1秒間に行うクロック信号の回数を**クロック周波数**といいます。

8. **論理回路**は，真または偽にもとづいて1つの真偽値を出力するデジタル回路です。主に，**論理積（AND）回路**，**論理和（OR）回路**，**否定（NOT）回路**，**否定論理積（NAND）回路**，**排他的論理和（XOR）回路**という5種類の基本論理回路があります。論理回路は**MIL論理記号**や，**真理値表**を用いて表すことができます。また，NAND回路は**万能論理回路**ともいわれます。

9. **プログラミング**はコンピュータに対する命令であり，人間がコンピュータに向けて「命令」するために入力する文章のことを**プログラミング言語**といいます。

10. **変数**はデータを保存するための箱のようなもので，**値**はその箱に入れる具体的なデータです。また，変数の箱に具体的な値を入れることを**代入**するといいます。

11. プログラミングにおける「=」などを**代入演算子**いい，共通テスト用プログラム表記では次のようになります。

演算子	意味	具体例	説明
>=	以上	a>=30	aの値が30以上なら真
<=	以下	a<=30	aの値が30以下なら真
==	等しい	a==30	aの値が30と等しければ真
!=	等しくない	a!=30	aの値が30と等しくなければ真

12. 条件によってプログラムのフローが分かれることを**条件分岐**といい，共通テスト用プログラム表記では次のようになります。

```
(1) もし kekka >= 90 ならば：
(2)    表示する（"合格です"）
(3) そうでなければ：
(4)    表示する（"再テストです"）
```

13. 特定の条件が満たされるまで命令を実行し続けることを**繰り返し**といい，共通テスト用プログラム表記では次のようになります。

```
(1) hensu = 5
(2) x を 1 から 5 まで 1 ずつ増やしながら繰り返す：
(3)    hensu = hensu + x
```

ネットワークと情報セキュリティ

1. コンピュータの通信は，大きく次の2種類で行われます。

・**回線交換方式**：電話のように，2つのデバイス間で専用の通信路を確保して通信する方式

・**パケット交換方式**：インターネットのように，データをパケットという単位に分割して送信し，それが目的地で再組み立てられる方式

2. 限定されたエリアの中で使用されるネットワークを**LAN**といい，LANとLAN同士を繋ぐ広範囲にわたる大きなネットワークを**WAN**といいます。

3. ネットワーク上でサービスやリソースを要求するデバイスやソフトウェアのことを**クライアント**といい，要求されたサービスやリソースを提供するデバイスやソフトウェアのことを**サーバ**といいます。そして，コンピュータをサーバーとクライアントに分け，役割分担をして運用する仕組みのことを**クライアントサーバシステム**といいます。

4. ネットワークの機器には次のようなものがあります。

・**ルータ**：異なるネットワークを接続し，データパケットを適切な目的地へと転送する装置

・**ハブ**：複数のデバイスをネットワークに接続する集線装置の一種で，接続された全てのデバイスに同じデータを送信する

・**スイッチ**：接続されたデバイスの中から特定のデバイスにだけデータを送信する

・**アクセスポイント**：無線LAN の信号を発信し，デバイスとネットワークを接続する装置

5. コンピュータ間のコミュニケーションにおけるルールを**プロトコル**といいます。プロトコルには次のような階層があります。

・**アプリケーション層**：HTTP，SMTP，POP，FTP，FTPS などのプロトコルがあります。

・**トランスポート層**：データの送受信を管理します。TCP などのプロトコルが存在します。

・**インターネット層**：パケットのルーティングや送受信を行います。IP などのプロトコルがこの層で動作します。

・**ネットワークインタフェース層**：物理的なネットワークと接続します。

6. コンピュータやデバイスを特定するための「住所」のようなものを**IP アドレス**といい，現在 **IPv4** が主に使われています。また，IP アドレスを人間が理解しやすい形にしたものを**ドメイン名**といい，IP アドレスとドメイン名の対応関係を管理しているものを **DNS サーバ**といいます。

7. **ワールドワイドウェブ（WWW）**は，インターネット上の情報をリンクで結びつけ，ブラウザを使用して閲覧するシステムです。また，ブラウザと Web サーバの間でデータを転送するためのプロトコルを **HTTP**，インターネット上のリソースの位置を示すアドレスを **URL** といいます。

8. 電子メールを送受信する仕組みには，次の要素が含まれています。

・**メールアドレス**：メールを送受信するためのアドレス

・**メーラ**：電子メールを送受信するためのソフトウェアやアプリ

・**SMTP**：メールを送るためのプロトコル

・**POP/IMAP**：メールを受信するためのプロトコル

9. 特定の時間内にどれだけのデータ量を転送できるかを示す値を**転送速度**といい，次の式で求めることができます。

転送時間＝データ量 ÷ 回線速度

10. 情報へのアクセスを管理するための仕組みを**アクセス制御**といいます。アクセス制御の方法には，**ブラックリスト方式**で禁止する内容を指定する方法や，**ホワイトリスト方式**で許可する内容だけを指定する方法があります。

11. **暗号化**は情報を他人に読まれないようにする技術で，元の文書（**平文**）を秘密のルール（**鍵**）を使って変換し，読み取り困難な暗号文にするものです。暗号化された文を再び平文に戻すことを**復号**といいます。

12. 鍵を使った暗号方式には大きく次の種類があります。
・**共通鍵暗号方式**：同じ鍵（**共通鍵**）で暗号化と復号を行う方式
・**公開鍵暗号方式**：暗号化に**公開鍵**，復号に**秘密鍵**というように，暗号化と復号に別々の鍵を使用する方式
・**セッション鍵方式**：通信ごとに一時的に生成される鍵を使用する方式

13. 情報の送信者の真正性や情報の改ざんを検知するための技術を**デジタル署名**，デジタルデータに見えない情報を埋め込む技術を**電子すかし**といいます。

14. 多くの情報（データ）を整理して保存するための場所のことを**データベース**といい，データベースからほしい情報を探し出す作業を**検索**といいます。

15. 情報を蓄積し，蓄積したデータの操作ができるソフトウェアを**データベー
スソフトウェア**といい，複数人が同時に使用できるデータベースを管理す
るコンピュータを**データベースサーバ**といいます。また，データベースサー
バを作成・管理するシステムを**データベース管理システム**（DBMS）とい
います。

16. データベース上での一連の処理を**トランザクション**といい，システム全
体に矛盾が生じないよう制御することを**トランザクション管理**といいます。
また，問題が起こった際に最初の状態に戻す機能を**ロールバック**といい，
万が一のために定期的にデータのコピーを取ることを**バックアップ**といい
ます。

17. 表形式のデータのひとつに**リレーショナルデータベース**があります。各**テー
ブル**には**行**と**列**があり，それぞれのデータは**レコード**として行に保存され
ます。また，データの一意性を保持するための**主キー**や，複数のフィール
ドを組み合わせた**複合キー**，他のテーブルとの関連を示す**外部キー**などが
存在します。